■ 社会主义新农村建设书系

农民学法用法300问

夏立安　主编

ZHEJIANG UNIVERSITY PRESS
浙江大学出版社

图书在版编目(CIP)数据

农民学法用法300问／夏立安主编. —杭州:浙江大学出版社,2009.11(2013.11重印)
(社会主义新农村建设书系)
ISBN 978-7-308-07192-5

Ⅰ.农… Ⅱ.夏… Ⅲ.法律—基本知识—中国 Ⅳ.D920.5

中国版本图书馆CIP数据核字(2009)第206422号

农民学法用法300问
夏立安　主编

责任编辑　黄兆宁
封面设计　俞亚彤
出版发行　浙江大学出版社
(杭州市天目山路148号　邮政编码310007)
(网址:http://www.zjupress.com)
排　　版　杭州中大图文设计有限公司
印　　刷　德清县第二印刷厂
开　　本　850mm×1168mm　1/32
印　　张　8
字　　数　173千
版 印 次　2009年11月第1版　2013年11月第5次印刷
书　　号　ISBN 978-7-308-07192-5
定　　价　13.00元

前　言

接受本书写作任务之前，我们就备感忧虑，因为时代在进步，农村的发展也是日新月异，而我们又对农村生活缺乏体验，很难了解哪些问题才是真问题，是现实中农民朋友关心的问题。因此，我们花了许多工夫用来调研，和农民朋友交谈，以了解农民朋友现实生活中所遇到的法律疑问。

法律问题涉及农民朋友的切身利益，然而现实中的问题总是比学者研究的问题要多，自然也比本书所列举的问题要多。我们尽可能选取那些带有普遍性的问题来回答。

本书分三部分，第一部分主要介绍民事法律问题，这是本书的重点，比重超过了全书的一半，因为根据我们的调研，农民朋友最为关心也最经常遇到的问题就是民事法律问题。第一部分分为六章，第一章是关于土地承包经营的法律问题，第二章是关于自留地、宅基地及房屋的法律问题，第三章与第四章分别就借贷与侵权中常见的问题作了回答，第五章是婚姻家庭部分，其中涉及婚姻、父母子女关系、收养与继承等法律问题，第六章就民事诉讼中的常见问题进行了解答。第二部分是刑事法律问题，我们选取了一些农民朋友最为关心的刑法问题以及日常生活中常见的罪名或者易于混淆的问题进行了阐述。第三部分是行政法与经济法问题，其中行政法部分包括行政处罚、行政救济、村民自治三章内容，经济法部分包括劳动法与劳动合同法、消费者权益保护法与产品质量法、农产品质量与农业等三章内容。本书的编写以法律条文为根据，很少涉及理论部分的内容，其中略有涉及的部分也比较浅显，目的也是为了农民朋友更好地理解法律条文。

本书由浙江大学夏立安教授主编，钱炜江、白冬冬与谢小瑶参与编写。本书参考了国内相关的书籍，谨在此表示衷心的感谢。本书的完成及出版，有赖于浙江大学出版社杨晓鸣副总编、黄兆宁女士的支持，没有他们的关心和"督促"，我们不可能在这么短的时间内顺利写完，在此一并致谢。最后，希望本书能起到抛砖引玉的作用，能够为全面建设社会主义新农村作出一点微薄的贡献。

编　者

2009 年 10 月

目　录

CONTENTS

是不是就不能被推翻？

问题125：自己不会写字，遗嘱可以让别人代写吗？或者可以用录音形式立遗嘱吗？

问题126：紧急情况下的口头遗嘱有法律效力吗？

问题127：遗嘱可采用哪几种方式订立？

问题128：遗嘱订立后还可以撤销吗？如果有很多份遗嘱且内容不一致的，应当以哪份为准？

问题129：遗嘱继承或者遗赠附有履行一定义务的要求，但是继承人或者受遗赠人没有正当理由不履行的，其他继承人可以请求取消该人接受遗产的权利吗？如果取消的话，这部分遗产该怎么处理？

问题130：遗嘱的有效条件是什么？

问题131：什么情况会导致遗嘱无效？

问题132：遗嘱继承人是第一顺位继承人的，当他依照遗嘱继承遗产后还能要求按照法定继承的顺序继承剩余的遗产吗？

问题133：什么叫遗赠扶养协议？遗赠扶养协议可以和哪些人签订？

问题134：法定继承与遗嘱继承及遗赠抚养协议，哪个优先执行？

问题135：继承人可以放弃继承吗？放弃后可以反悔吗？

问题136：胎儿可以继承遗产吗？具体怎么操作？

问题137：共有所有人之一死亡时，如何继承？如夫妻中一人死亡的。

第一篇 民事法律问答

第一章 土地承包经营

问题1:发包方有哪些权利和义务?

答:发包方的权利有以下几项:

第一,发包权。《土地承包法》第13条规定,发包方有权"发包本集体所有或国家所有依法由本集体使用的农村土地"。发包方最基本的权利就是享有发包权。

第二,监督权。该项权利包括两方面的内容。首先是对承包经营活动的监督权,指发包方监督承包经营户的生产是否违反法律、法规的权利。这项监督权绝非赋予集体干预农户生产的权利,而是要求发包方依照《土地管理法》、《土地承包法》等法律对承包经营活动进行监督。例如,"监督承包方依照承包合同约定的用途合理利用和保护土地"(《土地承包法》第13条)。我们认为这种监督是有必要的,体现出对于土地的特别关注和保护。

第三,制止承包方损害承包地和农业资源的行为的权利。此权利是监督权的延伸。我国人多地少,农地资源宝贵。实际生活中使农地随意转作他用或过度使用土地而不维持土地肥力等都是对农业资源的破坏。发包方在监督过程中一旦发现承包方有违反约定损害承包地,造成承包地永久性损害或有破坏农业资源的行为,有权予以制止。《土地承包法》第60条规定:“承包方给承包地造成永久性损害的,发包方有权制止,并有权要求承包方赔偿由此造成的损失。”

发包方的义务有以下几项:

第一,帮助承包方搞好生产经营、提供生产服务的义务。该项义务是我国《农业法》第14条规定的,是我国集体经济“统分结合”模式中“统”的方面的集中体现。《土地承包法》第14条也规定发包方应“依照承包合同约定为承包方提供生产、技术、信息等服务”并“执行县、乡(镇)土地利用总体规划,组织本集体经济组织内的农业基础设施建设”。然而,合同中的这项义务的强制约束力值得怀疑。随着农户独立生产能力的提高、小型机械化农具的推广,农户对于集体统一生产的依赖性越来越弱。由私人或农机公司拥有大农具,并采用市场化的运作方式,来取代集体统一经营的做法越来越普遍。实际生活中从来没有听到关于集体不履行提供农技推广等义务,农户根据承包合同提起违约之诉的案例。发包方这一义务如何切实履行,有必要进一步探讨。

第二,维护承包方的土地承包经营权,不得非法变更、解除合同的义务。《土地承包法》第26条规定,“承包期内,发包方不得收回承包地”。第27条规定,“承包期内,发包方不得调整承包地”。特殊情况下的调整要按照严格的程序进行,“因自然灾害严重毁损承包地等特殊情形对个别农户之间承包的耕地和草地需要适当调整的,必须经本集体经济组织成员的村民会议2/3以上成员或者2/3以上村民代表的同意，并报乡（镇）人民政府和县级人民政府农业等行政主管部门的批准。承包合同中约定不得调整的，按照其约定。"第35条规定，"承包期内，发包方不得单方解除承包合同"。这一义务限制了发包方（村集体）的合同解除权、变更权，弱化了承包经营权的债权特性，使承包经营权（承包方的权利）具备了物权的特点，避免一些乡村干部借调整土地之机牟利。

问题2：承包方有哪些权利和义务？

答：承包方的权利有以下几项：

第一，土地承包权，即以占有土地为基本内容的权利。土地承包权的获得有两种方式：一是农村集体经济组织的成员依法获得，即农村集体经济组织的成员以家庭为单位，按照成员家庭所占份额和成员集体意志依法获得的权利；二是农村集体经济组织以外的单位或个人依约定获得，即在农村集体经济组织的成员放弃承包并经2/3以上的成员同意的前提下，基于单位或个人的请求依照约定获得的权利。

第二，自主经营收益权。依照《农业法》第13条和《土地承包法》第16条，承包方享有自主经营收益权。这些权益包括：

(1)土地自主经营权，即以自主使用土地为基本内容的权利。土地自主经营权是以土地承包权为其存在前提的，依照法律或者约定取得土地承包权，也就自然享有土地自主经营权，从这个意义上讲，土地承包权与土地经营权是统一的；但也会发生两者分离的情形，土地转包、转让关系中的土地受益主体多元化即是一例。

(2)土地受益权，即以收取约定的土地天然孳息和法定孳息为基本内容的权利。承包方通过自主经营或是不经营使用土地而是将土地转让或者入股能取得经营收益。自主经营收益权是承包方享有的基础性权利。它使承包方摆脱了集体对生产的控制，极大地调动了承包方的积极性。由于享有生产经营自主决策权，发包方强制农民种植所谓新品种的做法就是违法的，由于农民享有产品处置权和收益权，发包方无权强迫农民在完成国家征购任务后再卖给国家一定的粮食。

第三，对土地承包经营权的处分权。《土地承包法》第16条规定，承包方享有土地承包经营权流转的权利。第34条规定，承包方有权依法自主决定土地承包经营权是否流转以及流转的方式。第32条规定，通过家庭承包取得的承包经营权可以依法采取转包、出租、互换、互让、转让和其他方式流转。第49条规定，通过其他方式承包农村土地的，其土地承包经营权可以依法采取转让、出租、入股、抵押或者其他方式流转。这些规定使得土地承包经营权有了足够的广度，就是说，使得承包地"流动"起来，改僵化式的"稳定"为动态的稳定，使承包方的承包经营权更加充分。需要注意的是，承包经营权通过转包、出租、互换、互让、转让和其他方式流转的，当事人双方应当签订书面合同。采取转让方式流转的，应当经发包方同意；采取转包、出租、互换或其他方式流转的，应当报发包方备案。

承包方的义务有以下几项：

第一，维持土地用途的义务。《土地承包法》第17条规定，承包方有义务维持土地的农业用途，不得用于非农建设。第60条规定，承包方违法将承包地用于非农建设的，由县级以上地方人民政府有关行政主管部门依法给予处罚。

第二,依法保护和合理利用土地,不得给土地造成永久性伤害。《土地承包法》第 60 条规定:"承包方给承包地造成永久性伤害的,发包方有权制止,并有权要求承包方赔偿由此造成的损失。"

第三,法律、行政法规规定的其他义务。

值得一提的是承包方维持地力的义务。维持地力是承包权人的一项必然的义务。现在国家明文提倡"增人不增地,减人不减地",1998 年《土地管理法》第 14 条明确了农民集体经济组织成员对集体土地的承包经营期限为 30 年,在延长土地承包期限的前提下,如果某一生产者试图将农地资源的使用保持在一个可持续的水平上,而其他生产者则以掠夺方式过度使用农地资源,那么这个自律者以可持续方式使用农地资源,使土壤肥力提高(意味着今后时期土地产出率提高)的好处就会被别的生产者所占有,同时,他还要承受其他生产者以掠夺方式使用农地资源所带来的损失。因此,出于利己的动机,短期行为就成为现行制度安排中生产者使用农地的理性选择。因此,权利人在其权利存续期间,必须要履行维持土地的肥力和使用性能的义务。在当今世界,农地资源极为宝贵,使农地随意转作他用,固然是对农地资源的损害;但是,虽不改变农地的用途,但过度使用土地而不维持土地肥力,同样是对农地资源的破坏。

问题 3:土地承包的原则是什么,需要走什么程序?

答:土地承包应当遵循以下原则:

(1)按照规定统一组织承包时,本集体经济组织成员有依法平等行使承包土地的权利，也有自愿放弃承包土地的权利；

(2)民主协商，公平合理；

(3)承包方案应当按照《土地承包法》第12条的规定，依法经本集体经济组织成员的村民会议2/3以上成员或者2/3以上村民代表的同意；

(4)承包程序合法。

土地承包应按以下程序进行：

(1)本集体经济组织成员的村民会议选举产生承包工作小组；

(2)承包工作小组依照法律、法规的规定拟订并公布承包方案；

(3)依法召开本集体经济组织成员的村民会议，讨论通过承包方案；

(4)公开组织实施承包方案；

(5)签订承包合同。

问题4：土地承包经营权的保护方式有哪些？

答：法律规定，承包期内，发包方不得收回承包地，在正常情况下，也不得调整承包地。如果承包方全家转为非农业户口的，发包方可以收回承包的耕地和草地，但承包方因其在土地上投入而提高土地生产能力的，有权获得相应的补偿。因严重自然灾害等特殊情况，需个别调整承包地的，需2/3以上的村民或村民代表同意并要经过一定的报批程序。

承包期内，发包方不得单方面解除承包合同，不得假借少数服从多数，强迫承包户放弃或变更土地承包经营权，不得将承包地收回抵顶欠款。

【法条依据】《中华人民共和国农村土地承包法》第14条。

问题5:土地流转需要遵循哪些原则?

答:通过家庭承包取得的土地承包经营权,可以依法采取转包、出租、互换、转让或者其他方式流转。土地流转必须签订书面合同并遵循以下原则:

(1)平等协商、自愿、有偿,任何组织和个人不得强迫或者阻碍承包方进行土地承包经营权流转;

(2)不得改变土地所有权的性质和土地的农业用途;

(3)流转的期限不得超过承包期的剩余期限;

(4)受让方须有农业经营能力;

(5)在同等条件下,本集体经济组织成员享有优先权。

承包方有稳定的非农职业,或者有稳定收入来源的,经发包方同意,可以将全部或部分土地承包经营权转让给其他从事农业生产的农户,由该户同承包方确立新的承包关系,原承包方与发包方在该土地上的承包关系即行终止。

问题6:土地承包争议应该如何解决,违反法律规定需要承担什么责任?

答:因土地承包经营发生纠纷的,双方当事人可以通过协商解决,也可以请求村民委员会、乡(镇)人民政府等调解解决。或者向土地承包仲裁机构申请仲裁,也可以直接向人民法院起诉。

当事人一方不履行合同义务或者履行义务不符合约定的,应当依照《中华人民共和国合同法》的规定承担违约责任。

非法征用、占用土地或贪污挪用土地征用补偿费,构成犯罪的,依法追究刑事责任;造成他人损害的,承担赔偿等责任。

承包方违法将承包地用于非农建设的，由县以上人民政府有关主管部门依法予以处罚。承包方给承包地造成永久性损害的，发包方有权制止，并要求赔偿损失。

国家机关及其工作人员利用职权干涉和侵害农村土地承包经营，给承包方造成损失的，应当承担损害赔偿等责任，情节严重的要给直接责任人以行政处分；构成犯罪的则依法追究刑事责任。

问题7：订立农村土地承包经营合同应符合什么条件？

答：就现行法律规范的层面来讲，农村土地承包经营合同的订立主要要满足以下几个条件：

第一，要符合土地承包经营合同的目的。

《土地承包法》第1条明确规定："为稳定和完善以家庭承包经营为基础、统分结合的双层经营体制，赋予农民长期而有保障的土地使用权，维护农村土地承包当事人的合法权益，促进农业、农村经济发展和农村社会稳定，根据宪法，特制定本法。"可见，依据该法，土地承包合同的目的有如下三个方面：一是稳定和完善土地承包经营制；二是通过合同来保护当事人——农民的利益，这是承包合同更为基础的目的；三是达到促进农业、农村经济发展和农村社会稳定的目的。

第二，关于土地承包经营合同主体方面。

农村土地承包合同的主体，是在土地承包合同中享有权利、承担义务的当事人，包括土地所有人即发包人和土地所有人的相对人即承包方。土地承包合同的主体具有以下特征：

(1)发包人资格的法定性。

我国实行农村土地集体所有制，村农民集体是农村土地所有权的主体。依照《土地承包法》第12条的规定：一方面，村农民集体应依法将自己所有的土地承包给农户家庭经营；另一方面，村集体经济组织或村民委员会是农民集体所有和国家所有依法由农民集体使用的土地的发包方，依法享有代位发包资格。

(2)土地承包方法律地位的差别性。

《土地承包法》明确规定，家庭承包的承包方是本集体经济组织的农户，至于其他形式的承包，如通过招标、拍卖和协商等方式将集体土地发包给集体组织成员以外的其他人承包，或者对"四荒"等其他土地进行承包等，对承包人的主体资格则没有限制。从本质上说，土地承包合同体现的是农村集体经济组织与其成员之间的法律关系，虽然本集体经济组织以外的单位或者个人也可以承包经营集体所有的土地，但它与集体经济组织的成员承包经营土地有着本质的区别。

首先，农村集体经济组织的成员是基于成员资格而对集体所有的土地依法享有承包经营权，而本集体经济组织以外的单位或者个人是基于承包合同对集体所有的土地依约定行使承包经营权。且"发包方将土地发包给本集体经济组织以外的个人或单位，应当事先经本集体经济组织成员的村民会议2/3以上成员或者2/3以上村民代表的同意，并报乡(镇)人民政府批准。"(《土地承包法》第48条)

其次，农村集体经济组织的成员，依照成员家庭所占份额享有土地承包经营权，只要它不放弃承包经营土地，那么在所占份额范围内的土地上不能并存两个同样内容的权利。而非成员承包经营土地则需要以农村集体经济组织的成员放弃承包经营为前提。

最后，在土地承包合同法律关系中，农村集体经济组织的成员依其“社员”身份，与没有集体经济组织成员身份的土地承包经营人在土地承包合同中的权利义务是不同的。

问题8：农村土地承包经营权流转的方式有哪些？

答：过去农民基本依靠土地的种植或养殖收益维系生活。但近年来，随着农业结构的调整，农村二、三产业的发展和劳动力的转移，农村土地承包经营权的流转速度较前明显加快。这在一定程度上，反映了农民非农收入的增加和对土地依赖性的减弱，以及其在充分行使土地承包经营权利方面取得的进步。但是，由于种种原因，因此引发的纠纷也随之增多。

现行法中关于土地承包经营权流转方式的规定主要有：

(1)《农村土地承包法》第32条、第37条将土地承包经营权的基本流转形式规定为：转包、出租、互换、转让。采取转让方式流转的，应当经发包方同意；采取转包、出租、互换或者其他方式流转的，应当报发包方备案。且第32条允许“其他流转方式”的存在。

(2)《土地承包法》第42条规定了土地承包经营权的入股。

(3)《土地承包法》第49条规定：“通过招标、拍卖、公开协商等方式承包农村土地，经依法登记取得土地承包经营权证或者林权证等证书的，其土地承包经营权可以依法采取转让、出租、入股、抵押或者其他方式流转。”

(4)《土地承包法》第31条第2款：“林地承包的承包人死亡，其继承人可以在承包期内继续承包”，规定了林地承包经营权的继承。第50条：“土地承包经营权通过招标、拍卖、公开协商等方式取得的，该承包人死亡，其应得的承包收益，依照继承法的规定继承；在承包期内，其继承人可以继续承包。”由于该条被规定在《土地承包法》的第三章“其他方式的承包”中，因此应认为不适用于家庭承包的情形。

(5)《担保法》第 34 条第 5 项规定，“抵押人依法承包并经发包方同意抵押的荒山、荒沟、荒丘、荒滩等荒地的土地使用权”可以抵押。第 37 条第 2 项规定“耕地、宅基地、自留地、自留山等集体所有的土地使用权”不得抵押，但《担保法》第 34 条第五项、第 36 条第 3 款规定的除外。

另外，第 39 条第 2 款规定了承包地的代耕：“承包方将土地交由他人代耕不超过一年的，可以不签订书面合同。”尽管承包地的代耕被规定在土地承包经营权的流转一节中，但代耕通常发生在家族内部、亲戚朋友之间，其目的主要是出于照顾或帮忙。因此，代耕基本上是一种非市场行为，在此不予讨论。

综上，当前我国存在的农村集体土地流转形式主要有：转包、转让、互换、租赁、抵押、入股、继承等。

问题 9：口头订立的农村土地承包合同有效吗？承包合同一般应具备哪些内容？

答：按照法律规定，发包方应当与承包方签订书面承包合同。承包合同自成立之日起生效，承包方自承包合同生效时取得土地承包经营权。

一般来说，承包合同包括以下条款：

(1)发包方、承包方的名称，发包方负责人和承包方代表的姓名、住所；

(2)承包土地的名称、坐落、面积、质量等级；

(3)承包期限和起止日期；

(4)承包土地的用途；

(5)发包方和承包方的权利和义务；

(6)违约责任。

【法条依据】《中华人民共和国农村土地承包法》第 21—22 条。

问题 10:外村的人可以承包我们村的土地吗?

答:根据法律的规定,如果是不宜采取家庭承包方式的荒山、荒沟、荒丘、荒滩等农村土地可以由集体经济组织以外的人以招标、拍卖、公开协商等方式承包,即如果不属于上述不宜采取家庭承包方式的荒山、荒沟、荒丘、荒滩等农村土地的,则应当采取农村集体经济组织内部的家庭承包方式,不能由集体经济组织以外的人来承包。

【法条依据】《中华人民共和国农村土地承包法》第 3 条。

问题 11:承包人可以出卖自己的承包地吗?

答:这里应该区分承包地的所有权和承包经营权,其中承包地的所有权不得转让,而承包经营权可以转让。

首先,《农村土地承包法》第 4 条第 2 款规定:农村土地承包后,土地的所有权性质不变,承包地不得买卖。因此,作为承包地的土地所有权依法属于集体经济组织所有,不得买卖。其次,《农村土地承包法》第 32 条规定:土地的承包经营权可以以转让、出租、转包、互换等等方式流转,但不能改变土地的所有权性质和农业用途。

问题 12:承包经营权可以继承吗?

答:农村土地承包经营权能否继承应当视情况而定。

(1)如果继承人仍是集体经济组织成员,可以按照《继承法》、《农村土地承包法》等规定处理。《继承法》规定个人承包,依照法律允许由继承人继续承包的,按照承包合同办理,即如果法律允许继承人继续承包的话,可以继续承包,如《农村土地承包法》规定林地承包的承包人死亡,其继承人可以在承包期内继续承包。

(2)如果继承人因为读书、工作、婚姻等关系已经转为居民户口或转入其他集体经济组织了,则不能继续享有承包权。

需要注意的是,承包人应得的收益是可以按照《继承法》继承的。

【法条依据】《中华人民共和国农村土地承包法》第 31 条,《中华人民共和国继承法》第 4 条。

问题 13:村里分配承包地男女有差别,这违法吗?

答:违法。只要是本集体经济组织成员,就不应存在差别。法律规定:农村土地承包,妇女与男子享有平等的权利。承包中应当保护妇女的合法权益,任何组织和个人不得剥夺、侵害妇女应当享有的土地承包经营权。

【法条依据】《中华人民共和国农村土地承包法》第 6 条。

问题 14:承包合同约定承包期限为 10 年,该约定有效吗?

答:无效。根据法律规定:耕地的承包期为 30 年,草地的承包期为 40—50 年;林地的承包期为 30—70 年;特殊林木的林地承包期，经国务院林业行政主管部门批准可以延长。上述规定为法律强制规定，承包合同的当事人不得协议变更。另外，中共中央第十七届三中全会又提出将农村土地的承包期从现在的 30 年延长到 70 年的政策，但该政策现阶段还未写入法律，目前仍应以 30 年为准。

【法条依据】《中华人民共和国农村土地承包法》第 20 条。

问题 15：农村土地承包合同需要登记才能有效吗？

答：根据法律规定：承包合同自成立之日起生效，承包方自承包合同生效时取得土地承包经营权。即农村土地承包合同成立即生效，无需登记。当然，如果承包方和发包方愿意，也可以登记，但登记的对于合同仅仅是个确认的作用，并不影响合同的效力。

【法条依据】《中华人民共和国农村土地承包法》第 22 条。

问题 16：承包期间，村里可以收回承包人的承包地吗？

答：原则上不可以。但根据法律规定，以下两种情况可以收回：第一，承包期内，承包方全家迁入设区的市，转为非农业户口的；第二，承包期内，因自然灾害严重毁损承包地等特殊情形对个别农户之间承包的耕地和草地需要适当调整的，必须经本集体经济组织成员的村民会议 2/3 以上成员或者 2/3 以上村民代表的同意，并报乡（镇）人民政府和县级人民政府农业等行政主管部门批准。当然，如果承包合同明确规定不能调整的则不能依照前述方法调整。

这里需要注意的是，承包期内，承包方全家迁入小城镇落户的，应当按照承包方的意愿，保留其土地承包经营权，或者允许其依法进行土地承包经营权流转，不能强行收回承包经营权。

【法条依据】《中华人民共和国农村土地承包法》第26—27条。

问题17:承包期内,承包人可以退还承包地吗?

答:根据法律规定,承包期内,承包方可以自愿将承包地交回发包方,但承包方自愿交回承包地的,应当提前半年以书面形式通知发包方。并且需要注意的是,承包方在承包期内交回承包地的,在承包期内不得再要求承包土地。

【法条依据】《中华人民共和国农村土地承包法》第29条。

问题18:就同一土地签订两个以上承包合同的,谁能获得承包经营权?

答:依据法律规定,发包方就同一土地签订两个以上承包合同,已经依法登记的承包方,取得土地承包经营权;均未依法登记的,生效在先合同的承包方取得土地承包经营权。依前两项规定无法确定的,已经根据承包合同合法占有使用承包地的人取得土地承包经营权,但争议发生后一方强行先占承包地的行为和事实,不得作为确定土地承包经营权的依据。

【法条依据】《最高人民法院关于审理涉及农村土地承包案件适用法律问题的解释》第20条。

问题19:妇女嫁往外村后,其承包地是否可以收回?

答:根据法律规定,妇女在新居住地未取得承包权的,其承包地不得收回。另外,丧偶或离婚的妇女,只要其还在本村居住或在新居住点未取得承包权,发包方即不得收回其承包权。

【法条依据】《中华人民共和国农村土地承包法》第 30 条。

问题 20:外出务工农民是否享有土地承包经营权?

答:根据法律规定,农村集体经济组织成员有权依法承包由本集体经济组织发包的农村土地,任何组织和个人不得剥夺和非法限制农村集体经济组织成员承包土地的权利。只要是农村集体经济组织的成员,即户口在本集体经济组织内的,有权依法承包由本集体经济组织发包的农村土地。

【法条依据】《中华人民共和国农村土地承包法》第 30 条。

第二章 自留地、宅基地及房屋

问题 21:自留地和宅基地是个人所有的土地吗?

答:不是。根据法律规定,宅基地、自留地、自留山,属于农民集体所有。一般农户对于宅基地、自留地、自留山享有使用权。

【法条依据】《中华人民共和国土地管理法》第 8 条。

问题 22:自留地和宅基地可以继承吗?

答:均不能发生继承的法律效果,但事实上可以由继承人继续使用。首先,关于自留地。因为我国一般是以农户为单位分配自留地,因此,当某农户中的户主死亡时,其余家庭成员仍可继续使用自留地,不存在继承问题。如此时原农户中数人欲分家,则可参照继承规则分配自留地。其次,关于宅基地。宅基地的所有权和公民私房的使用权是分离的,宅基地的所有权属于国家或集体,私房的所有权属于私房产权人。

宅基地的使用权不属遗产，不能被继承，但公民继承了房屋，宅基地的使用权也就随着房屋而转移给新的所有人。

问题 23：自留地使用权可以买卖吗？

答：不能，按照法律规定自留地和自留山的所有权属于农民集体所有。村民不享有所有权，因此不能买卖。但如果双方是同一集体经济组织（一般情况下即同一个行政村）成员，不涉及土地所有权变更，并且在集体经济组织同意的前提下，可以转让或者交换自留地的使用权。

问题 24：村集体可以收回自留山、自留地吗？

答：原则上自留山、自留地由农民长期使用，村集体不得强制收回，不得随意调整。因公共利益需要收回的，也应当给予相应的补偿。

问题 25：造房子需要履行什么手续？

答：村民申请在集体土地上建造房屋需要按照下列程序：第一，向所在地村民委员会提出建房申请，由村民委员会提交村民大会讨论。第二，如讨论通过，再上报乡镇政府办理批准手续（政府批准权限：不占用耕地仅仅占用原宅基地、村内空闲地的，由乡镇政府批准；占用耕地的，由乡镇政府审核，由县级政府批准）。第三，批准后，由乡镇政府的土地管理所按村镇规划划定点划线，准许施工。第四，房屋竣工后，由有关部门验收，如果符合用地要求，则发给集体土地使用权证。

问题 26：村民自己造的房子可以卖吗？

答：原则上不能买卖，因为农村房屋虽然是公民的个人财产，但是其下的宅基地属于集体所有。但如果在买卖双方属于同一集体经济组织(一般情况下即同一个行政村)的情况下,允许买卖,因为此时不涉及集体经济组织所有权问题。需要注意的是,根据《土地管理法》第62条的规定,农村村民出卖、出租住房后,再申请宅基地的,不予批准。

问题27:农村的房子可以登记吗?应该如何登记?

答:可以登记。根据建设部《房屋登记办法》的规定,集体土地范围内建造的村民住房,以宅基地上独立建筑为基本单元进行登记;在共有宅基地上建造的村民住房,以套、间等有固定界限的部分为基本单元进行登记。登记需要的手续主要是要求提交用地证明文件或者土地使用权证、建设用地规划许可证、建设工程规划许可证、施工许可证、房屋竣工验收资料以及其他有关的证明文件。

【法条依据】《房屋登记办法》第10条。

问题28:如果发生了相邻一方建房影响了他方的采光和日照的情况,应该怎么办?

答:按照《物权法》规定,建造建筑物,不得违反国家有关工程建设标准,妨碍相邻建筑物的通风、采光和日照。因此,如果认为有相邻一方的房屋建造,影响了自己采光和日照的情况发生,可以向人民法院提起诉讼。

【法条依据】《中华人民共和国物权法》第89条。

问题29:相邻一方安装地下设施,如铺设自来水管道等影响他方地基牢固的,可以要求其停止吗?

答:根据《物权法》的规定,不动产权利人挖掘土地、建造建筑物、铺设管线以及安装设备等,不得危及相邻不动产的安全。

不动产权利人因用水、排水、通行、铺设管线等利用相邻不动产的，应当尽量避免对相邻的不动产权利人造成损害；造成损害的，应当给予赔偿。如果相邻一方在自己使用的土地上挖水沟、水池、地窖等，或者种植的竹木根枝伸延，危及另一方建筑物的安全和正常使用的，应当分别情况，责令其消除危险，恢复原状，赔偿损失。

【法条依据】《中华人民共和国物权法》第 91－92 条，《最高人民法院关于贯彻执行〈民法通则〉若干问题的意见》第 110 条。

问题 30：相邻一方可以使用另一方土地排水吗？

答：如果相邻一方必须使用另一方土地排水的，应当予以准许；但需要注意的是应在必要限度内使用并采取适当的保护措施排水，如仍造成损失的，由受益人合理补偿。

但是如果相邻一方可以采取其他合理的措施排水而未采取，向他方土地排水毁损或者可能毁损他方财产，他方可以要求致害人停止侵害、消除危险、恢复原状、赔偿损失。

【法条依据】《最高人民法院关于贯彻执行〈民法通则〉若干问题的意见》第 106 条。

问题 31：相邻一方只有另一方土地上唯一的通行道路的，另一方可以进行堵塞或者要求一方给付通行费用吗？

答：不动产的相邻各方，应当按照有利生产、方便生活、团结互助、公平合理的精神，正确处理截水、排水、通行、通风、采光等方面的相邻关系。给相邻方造成妨碍或者损失的，应当停止侵害，排除妨碍，赔偿损失。一方必须在相邻一方使用的土地上通行的，应当予以准许，并且不得要求给付费用。但是需要注意的是，如果因此造成损失的，应当给予适当补偿。

【法条依据】《最高人民法院关于贯彻执行〈民法通则〉若干问题的意见》第 107 条。

问题 32：相邻二楼的住户必须经过一楼大门的楼梯上楼，现在一楼住户可以封锁通往二楼的楼梯而让二楼住户另开通道吗？

答：按照法律规定，一般来说对于一方所有的或者使用的建筑物范围内历史形成的必经通道，所有权人或者使用权人不得堵塞。因堵塞影响他人生产、生活，他人可以要求排除妨碍或者恢复原状。但需要注意的是，如果有条件另开通道的，可以另开通道。因此这里要判断的就是：是否有条件另开通道。这需要实地观察，并且如果对建筑物构造造成影响的话还应当由相关部门进行勘察鉴定。

【法条依据】《最高人民法院关于贯彻执行〈民法通则〉若干问题的意见》第 108 条。

问题 33：相邻一方屋檐滴水造成另一方损失的，应该怎么办？

答：因相邻房屋滴水产生纠纷的，对有过错的一方造成他方损害的，应当责令其排除妨碍、赔偿损失。

【法条依据】《最高人民法院关于贯彻执行〈民法通则〉若干问题的意见》第 109 条。

第三章 借 贷

问题 34:自然人之间借款没有约定利息的,可以主张利息吗?到约定期限债务人还不偿还的话,能不能主张利息?如果可以主张的,利率怎么计算?

答:按照我国法律规定,自然人之间的借款合同对支付利息没有约定或者约定不明确的,视为不支付利息。

但是如果到约定还款期限借款人还未还款的,出借人可以要求借款人偿付逾期利息;或者没有约定还款期限,而出借人经催告后仍不还的,出借人可以要求偿付催告后的利息。利息可参照银行同类贷款的利率计算。

【法条依据】《中华人民共和国合同法》第 211 条,《最高人民法院关于人民法院审理借贷案件的若干意见》第 6 条。

问题 35:自然人间的利息最高能约定多少?

答:自然人之间借款的利息最高不得超过银行同类贷款利率的四倍(包含利率本数)。按照我国法律规定,民间借贷的利率可以适当高于银行的利率,各地人民法院可根据本地区的实际情况具体掌握,但最高不得超过银行同类贷款利率的四倍(包含利率本数)。超出此限度的,超出部分的利息不予保护。

【法条依据】《中华人民共和国合同法》第 211 条,《最高人民法院关于人民法院审理借贷案件的若干意见》第 6 条。

**问题 36:债务人不肯还款,除了向法院起诉外还有什

么便捷的方式吗?

答:按照法律规定,债权债务关系明确的,债权人可以向债务人住所地的基层人民法院申请支付令,即法院的督促程序。根据《民事诉讼法》规定,申请支付令必须符合以下条件:①债权人与债务人没有其他债务纠纷;②支付令能够送达债务人的。

法院审查相应的事实、证据后,如果认定债权债务关系明确、合法的,应当在受理之日起 15 日内向债务人发出支付令。而债务人在收到支付令后可能会有三种情况:一是自收到支付令之日起 15 日内清偿债务;二是向发出支付令的人民法院提出书面异议;三是债务人 15 日内不提出异议又不履行支付令。

第一种情况当然是最好的解决方式,债权可以直接得到履行。针对第二种情况,人民法院收到债务人提出的书面异议后,应当裁定终结督促程序,支付令自行失效,债权人需要另行起诉来解决纠纷。而对第三种情况,债权人则可以据此向人民法院申请强制执行。

【法条依据】《中华人民共和国民事诉讼法》第 191 条、第 193—194 条。

问题 37:借款人向人民法院起诉的时候要提供什么证据材料?

答:《最高人民法院关于人民法院审理借贷案件的若干意见》第 4 条规定,人民法院审查借贷案件的起诉时,根据《民事诉讼法》第 108 条的规定,应要求原告提供书面借据;无书面借据的,应提供必要的事实根据,对于不具备上述条件的起诉，裁定不予受理。

现今生活，自然人的借款比较普遍，有些是出于亲戚朋友的帮忙而不需利息的，有些则是借款人为了赚取比银行存款更高的利息。但是无论是约定利息还是不约定利息，都须牢记应当留下书面证据。当然如果有其他的证据能够充分证明借款事实的也可以，如无利害关系的证人等。

【法条依据】《最高人民法院关于人民法院审理借贷案件的若干意见》第4条。

问题38：借款纠纷中债权人一般应该到哪里起诉债务人？如果债务人下落不明时，债权人应该到哪里去起诉？如果债务人在案件审理中出走，下落不明了怎么办？

答：《民事诉讼法》第22条规定，对公民提起的民事诉讼，由被告住所地人民法院管辖；被告住所地与经常居住地不一致的，由经常居住地人民法院管辖。对法人或者其他组织提起的民事诉讼，由被告住所地人民法院管辖。

债务人下落不明时，可以由债务人原住所地或其财产所在地法院管辖。如果债务人在民间借贷案件审理中出走，下落不明的，一般有两种处理方式：一是借贷关系明确时，可以缺席判决；二是事实难以查清时，裁定中止诉讼。

【法条依据】《中华人民共和国民事诉讼法》第22条，《最高人民法院关于人民法院审理借贷案件的若干意见》第5条。

问题39：借款合同的保证有哪些方式？

答：保证的方式有一般保证和连带责任保证。

一般保证是指当事人在保证合同中约定，债务人不能履行债务时，由保证人承担保证责任的形式。一般保证的保证人在主合同纠纷未经审判或者仲裁，并就债务人财产依法强制执行仍不能履行债务前，对债权人可以拒绝承担保证责任。但是需要注意的是，有下列情形之一的，保证人不得行使前款规定的权利：①债务人住所变更，致使债权人要求其履行债务发生重大困难的；②人民法院受理债务人破产案件，中止执行程序的；③保证人以书面形式放弃该项权利的。

而连带保证是指当事人在保证合同中约定保证人与债务人对债务承担连带责任的保证形式。同时我国法律还规定，如果当事人间没有约定是连带保证还是一般保证的，视为连带保证；如以保证人的名义在借条上签字但没有说明是什么保证方式的，就视为连带保证。这点尤其需要注意，因为连带保证的责任比一般保证的责任要重。连带责任保证的债务人在主合同规定的债务履行期届满没有履行债务的，债权人可以要求债务人履行债务，也可以要求保证人在其保证范围内承担保证责任。

【法条依据】《中华人民共和国担保法》第16—18条。

问题40：借款利息可以在借款时从本金中扣除吗？

答：按照法律规定，借款的利息不得预先在本金中扣除。利息预先在本金中扣除的，应当按照实际借款数额返还借款并计算利息。但是需要牢记的是，凡事都需要讲求证据，现在很多人因为急需用钱而约定了较高的利息并且在借款本金中把利息扣除来规避法律的规定，如实际借款为10万元，利息约定为5万元（显然这里利息是高于法律规定的），但是在借条上却写着：借款15万元，没有约定利息。这时借款人如果想要根据法律规定来保护自己的权利的，就要举出充分的证据;如果没有证据,那么就只能按照借条上所写来解决。

【法条依据】《中华人民共和国合同法》第200条。

问题41:帮别人联系介绍借款的,需要承担保证责任吗?

答:在借贷关系中,仅起联系、介绍作用的人,不承担保证责任。但需要注意的是,如果介绍人、联系人对债务的履行确有保证意思表示的,应认定为保证人,承担保证责任。

【法条依据】《最高人民法院关于人民法院审理借贷案件的若干意见》第13条。

第四章　侵权责任

问题42:人身受到他人伤害但是没有造成残疾的,可以要求他人赔偿哪些损失?这些损失应该按照什么标准确定?

答:受害人遭受人身损害但未造成残疾的,因就医治疗支出的各项费用以及因误工减少的收入,包括医疗费、误工费、护理费、交通费、住宿费、住院伙食补助费、必要的营养费,赔偿义务人应当予以赔偿。如果造成精神损害,也可要求赔偿精神损害抚慰金。

对具体损失的确定主要参照以下的标准:

(1)医疗费根据医疗机构出具的医药费、住院费等收款凭证,结合病历和诊断证明等相关证据确定。赔偿义务人对治疗的必要性和合理性有异议的,应当承担相应的举证责任。

医疗费的赔偿数额，按照一审法庭辩论终结前实际发生的数额确定。器官功能恢复训练所必要的康复费、适当的整容费以及其他后续治疗费，赔偿权利人可以待实际发生后另行起诉。但根据医疗证明或者鉴定结论确定必然发生的费用，可以与已经发生的医疗费一并予以赔偿。

(2)误工费根据受害人的误工时间和收入状况确定。

误工时间根据受害人接受治疗的医疗机构出具的证明确定。

受害人有固定收入的，误工费按照实际减少的收入计算。受害人无固定收入的，按照其最近三年的平均收入计算；受害人不能举证证明其最近三年的平均收入状况的，可以参照受诉法院所在地相同或者相近行业上一年度职工的平均工资计算。

(3)护理费根据护理人员的收入状况和护理人数、护理期限确定。

护理人员有收入的，参照误工费的规定计算；护理人员没有收入或者雇佣护工的，参照当地护工从事同等级别护理的劳务报酬标准计算。护理人员原则上为一人，但医疗机构或者鉴定机构有明确意见的，可以参照确定护理人员人数。

护理期限应计算至受害人恢复生活自理能力时止。

(4)交通费根据受害人及其必要的陪护人员因就医或者转院治疗实际发生的费用计算。交通费应当以正式票据为凭；有关凭据应当与就医地点、时间、人数、次数相符合。

(5)住院伙食补助费可以参照当地国家机关一般工作人员的出差伙食补助标准予以确定。

受害人确有必要到外地治疗，因客观原因不能住院，受害人本人及其陪护人员实际发生的住宿费和伙食费，其合理部分应予赔偿。

(6)营养费根据受害人伤残情况参照医疗机构的意见确定。

(7)受害人如果遭受精神损害，可以向人民法院请求赔偿精神损害抚慰金。需要注意的是遭受精神损害，但未造成严重后果，受害人请求赔偿精神损害的，一般不予支持，但人民法院可以根据情形判令侵权人停止侵害、恢复名誉、消除影响、赔礼道歉。

【法条依据】《中华人民共和国民法通则》第 119 条，《最高人民法院关于审理人身损害赔偿案件适用法律若干问题的解释》第 17—24 条，《最高人民法院关于确定民事侵权精神损害赔偿责任若干问题的解释》第 8 条。

问题 43：人身遭受他人损害并造成残疾的，可以要求赔偿哪些损失？损失的确定一般需要注意什么？

答：受害人因伤致残的，除应当赔偿就医治疗支出的各项费用以及因误工减少的收入，包括医疗费、误工费、护理费、交通费、住宿费、住院伙食补助费、必要的营养费外，其因增加生活上需要所支出的必要费用以及因丧失劳动能力导致的收入损失，包括残疾赔偿金、残疾辅助器具费、被扶养人生活费，以及因康复护理、继续治疗实际发生的必要的康复费、护理费、后续治疗费，赔偿义务人也应当予以赔偿。

(1)医疗费、误工费等相关费用的计算标准请参照上一问的解答。

需要注意的是，受害人因伤致残持续误工的，误工时间可以计算至定残日前一天；受害人因残疾不能恢复生活自理能力的，可以根据其年龄、健康状况等因素确定合理的护理期限，但最长不超过20年。

(2)受害人定残后的护理，应当根据其护理依赖程度并结合配制残疾辅助器具的情况确定护理级别。

(3)残疾赔偿金根据受害人丧失劳动能力程度或者伤残等级，按照受诉法院所在地上一年度城镇居民人均可支配收入或者农村居民人均纯收入标准，自定残之日起按20年计算。但60周岁以上的，年龄每增加一岁减少一年；75周岁以上的，按5年计算。但如果受害人能举证证明其住所地或者经常居住地城镇居民人均可支配收入或者农村居民人均纯收入高于受诉法院所在地标准的，残疾赔偿金可以按照其住所地或者经常居住地的相关标准计算。

受害人因伤致残但实际收入没有减少，或者伤残等级较轻但造成职业妨害严重影响其劳动就业的，可以对残疾赔偿金作相应调整。

(4)残疾辅助器具费按照普通适用器具的合理费用标准计算。伤情有特殊需要的，可以参照辅助器具配制机构的意见确定相应的合理费用标准。

辅助器具的更换周期和赔偿期限参照配制机构的意见确定。

(5)被扶养人生活费根据扶养人丧失劳动能力程度，按照受诉法院所在地上一年度城镇居民人均消费性支出和农村居民人均年生活消费支出标准计算。但如果受害人能举证证明其住所地或者经常居住地城镇居民人均可支配收入或者农村居民人均纯收入高于受诉法院所在地标准的，被扶养人生活费可以按照其住所地或者经常居住地的相关标准计算。

被扶养人为未成年人的，计算至18周岁；被扶养人无劳动能力又无其他生活来源的，计算20年。但60周岁以上的，年龄每增加一岁减少一年；75周岁以上的，按5年计算。

被扶养人是指受害人依法应当承担扶养义务的未成年人或者丧失劳动能力又无其他生活来源的成年近亲属。被扶养人还有其他扶养人的，赔偿义务人只赔偿受害人依法应当负担的部分。被扶养人有数人的，年赔偿总额累计不超过上一年度城镇居民人均消费性支出额或者农村居民人均年生活消费支出额。

最后需注意的是："城镇居民人均可支配收入"、"农村居民人均纯收入"、"城镇居民人均消费性支出"、"农村居民人均年生活消费支出"、"职工平均工资"，按照政府统计部门公布的各省、自治区、直辖市以及经济特区和计划单列市上一年度相关统计数据确定。"上一年度"，是指一审法庭辩论终结时的上一统计年度。

【法条依据】《中华人民共和国民法通则》第119条，《最高人民法院关于审理人身损害赔偿案件适用法律若干问题的解释》第17－26条、第28－30条。

问题44：人身遭受他人伤害而死亡的，可以要求赔偿哪些损失？损失的计算应该注意哪些？

答：受害人死亡的，赔偿权利人根据抢救治疗情况可要求赔偿就医治疗支出的各项费用以及因误工减少的收入，包括医疗费、误工费、护理费、交通费、住宿费、住院伙食补助费、必要的营养费外，还应当赔偿丧葬费、被扶养人生活费、死亡补偿费以及受害人亲属办理丧葬事宜支出的交通费、住宿费和误工损失等其他合理费用。根据法律规定,受害人死亡的赔偿权利人是指因侵权行为或者其他致害原因死亡的受害人近亲属及依法由受害人承担扶养义务的被扶养人。

(1)医疗费、误工费等相关费用的计算标准请参照前二问的解答。

(2)丧葬费按照受诉法院所在地上一年度职工月平均工资标准,以 6 个月总额计算。

(3)死亡赔偿金按照受诉法院所在地上一年度城镇居民人均可支配收入或者农村居民人均纯收入标准,按 20 年计算。但 60 周岁以上的,年龄每增加一岁减少一年;75 周岁以上的,按 5 年计算。但赔偿权利人举证证明其住所地或者经常居住地城镇居民人均可支配收入或者农村居民人均纯收入高于受诉法院所在地标准的,残疾赔偿金或者死亡赔偿金可以按照其住所地或者经常居住地的相关标准计算。

(4)被扶养人生活费根据扶养人丧失劳动能力程度,按照受诉法院所在地上一年度城镇居民人均消费性支出和农村居民人均年生活消费支出标准计算。但如果赔偿权利人能举证证明其住所地或者经常居住地城镇居民人均可支配收入或者农村居民人均纯收入高于受诉法院所在地标准的,被扶养人生活费可以按照其住所地或者经常居住地的相关标准计算。

被扶养人为未成年人的,计算至 18 周岁;被扶养人无劳动能力又无其他生活来源的,计算 20 年。但 60 周岁以上的,年龄每增加一岁减少一年;75 周岁以上的,按 5 年计算。

被扶养人是指受害人依法应当承担扶养义务的未成年人或者丧失劳动能力又无其他生活来源的成年近亲属。被扶养人还有其他扶养人的，赔偿义务人只赔偿受害人依法应当负担的部分。被扶养人有数人的，年赔偿总额累计不超过上一年度城镇居民人均消费性支出额或者农村居民人均年生活消费支出额。

最后需注意的是："城镇居民人均可支配收入"、"农村居民人均纯收入"、"城镇居民人均消费性支出"、"农村居民人均年生活消费支出"、"职工平均工资"，按照政府统计部门公布的各省、自治区、直辖市以及经济特区和计划单列市上一年度相关统计数据确定。"上一年度"，是指一审法庭辩论终结时的上一统计年度。

【法条依据】《中华人民共和国民法通则》第 119 条，《最高人民法院关于审理人身损害赔偿案件适用法律若干问题的解释》第 1 条、第 17—24 条、第 27—30 条。

问题 45：超过确定的残疾赔偿金给付年限的赔偿权利人，可以要求继续给付残疾赔偿金吗？

答：按照法律规定，超过确定的护理期限、辅助器具费给付年限或者残疾赔偿金给付年限，赔偿权利人向人民法院起诉请求继续给付护理费、辅助器具费或者残疾赔偿金的，人民法院应予受理。赔偿权利人确需继续护理、配制辅助器具，或者没有劳动能力和生活来源的，人民法院应当判令赔偿义务人继续给付相关费用 5—10 年。

【法条依据】《最高人民法院关于审理人身损害赔偿案件适用法律若干问题的解释》第 32 条。

问题 46：哪些权利受到侵犯可以要求赔偿精神损害？

答：按照法律规定，可以请求精神损害赔偿的情况主要有以下几种：

(1)因下列人格权利遭受非法侵害的，赔偿权利人可以向人民法院起诉要求赔偿精神损害：生命权、健康权、身体权；姓名权、肖像权、名誉权、荣誉权；人格尊严权、人身自由权。这里的赔偿权利包括因侵权行为或者其他致害原因直接遭受人身损害的受害人、依法由受害人承担扶养义务的被扶养人以及死亡受害人的近亲属。

(2)违反社会公共利益、社会公德侵害他人隐私或者其他人格利益，受害人可以以侵权为由向人民法院起诉请求赔偿精神损害。

(3)非法使被监护人脱离监护，导致亲子关系或者近亲属间的亲属关系遭受严重损害，监护人可以向人民法院起诉请求赔偿精神损害。

(4)自然人死亡后，其近亲属因下列侵权行为遭受精神痛苦，可以向人民法院起诉请求赔偿精神损害：

以侮辱、诽谤、贬损、丑化或者违反社会公共利益、社会公德的其他方式，侵害死者姓名、肖像、名誉、荣誉；非法披露、利用死者隐私，或者以违反社会公共利益、社会公德的其他方式侵害死者隐私；非法利用、损害遗体、遗骨，或者以违反社会公共利益、社会公德的其他方式侵害遗体、遗骨。

(5)具有人格象征意义的特定纪念物品，因侵权行为而永久性灭失或者毁损，物品所有人可以以侵权为由向人民法院起诉请求赔偿精神损害。

(6)需要注意的是，遭受精神损害但未造成严重后果的，受害人请求赔偿精神损害，一般不予支持，但人民法院可以根据情形判令侵权人停止侵害、恢复名誉、消除影响、赔礼道歉。

【法条依据】《最高人民法院关于确定民事侵权精神损害赔偿责任若干问题的解释》第 1—4 条、第 8 条。

问题 47：精神损害的赔偿数额一般怎么确定？

答：精神损害的赔偿数额一般根据以下因素确定：

(1)侵权人的过错程度，法律另有规定的除外；

(2)侵害的手段、场合、行为方式等具体情节；

(3)侵权行为所造成的后果；

(4)侵权人的获利情况；

(5)侵权人承担责任的经济能力；

(6)受诉法院所在地平均生活水平。

当然，如果法律、行政法规对残疾赔偿金、死亡赔偿金等有明确规定的，应当适用法律、行政法规的规定。

【法条依据】《最高人民法院关于确定民事侵权精神损害赔偿责任若干问题的解释》第 10 条。

问题 48：因家用电器质量不合格造成人身损害的，可以要求谁赔偿？

答：根据法律规定，因产品质量不合格造成他人财产、人身损害的，产品制造者、销售者应当依法承担民事责任。因此，如因家用电器质量不合格而造成人身损害，可以要求产品的制造者或者销售者承担侵权赔偿责任。

【法条依据】《中华人民共和国民法通则》第 122 条。

问题 49：房屋上坠落物造成路人受伤的，可以让房屋所有人承担责任吗？

答：按照法律规定，建筑物或者其他设施以及建筑物上的搁置物、悬挂物发生倒塌、脱落、坠落造成他人损害的，它的所有人或者管理人应当承担民事责任，但能够证明自己没有过错的除外。即一般来说是应当由所有人或管理人（如承租人等）来承担责任，但是如果所有人或管理人能够证明自己没有过错的则可以不用承担责任，这里的证明责任在房屋的所有人或管理人一方。

这里需要承担类似责任的情况还有：(1)道路、桥梁、隧道等人工建造的构筑物因维护、管理瑕疵致人损害的；(2)堆放物品滚落、滑落或者堆放物倒塌致人损害的；(3)树木倾倒、折断或者果实坠落致人损害的。即如果发生以上情况的，由所有人或者管理人承担赔偿责任，但能够证明自己没有过错的除外。就前款第(1)项情形，因设计、施工缺陷造成损害的，由所有人、管理人与设计、施工者承担连带责任。

【法条依据】《中华人民共和国民法通则》第 126 条，《最高人民法院关于审理人身损害赔偿案件适用法律若干问题的解释》第 16 条。

问题 50：自己养的狗把别人咬伤了，需要承担责任吗？

答：按照法律规定，饲养的动物造成他人损害的，动物饲养人或者管理人应当承担民事责任；但如果是因为受害人自己的过错造成损害的，则动物饲养人或者管理人不承担民事责任，如有些人因为故意逗弄狗而使狗愤起而咬之的情况；如果是由于第三人的过错造成损害的，则由第三人承担民事责任。

【法条依据】《中华人民共和国民法通则》第 127 条。

问题 51:未成年子女造成他人损害的,需要由父母承担责任吗?

答:按照法律规定,无民事行为能力人、限制民事行为能力人造成他人损害的,由监护人承担民事责任。一般来说,未成年人的监护人是其父母,即一般由父母承担责任,但监护人证明其尽了监护责任的,可以适当减轻他的民事责任。

这里需要注意的是,如果造成他人伤害的无民事行为能力人、限制民事行为能力人有自己的财产的,则应从本人财产中支付赔偿费用。不足部分,由监护人适当赔偿,但单位担任监护人的除外。

【法条依据】《中华人民共和国民法通则》第 33 条。

问题 52:在饭店吃饭滑倒受伤了,可以要求饭店赔偿吗?

答:按照法律规定,从事住宿、餐饮、娱乐等经营活动或者其他社会活动的自然人、法人、其他组织,未尽合理限度范围内的安全保障义务致使他人遭受人身损害,赔偿权利人请求其承担相应赔偿责任的,人民法院应予支持。即如果法院判定饭店没有尽合理限度范围的安全保障义务的,则应当由饭店承担相应的责任。

当然,如果是因第三人侵权导致损害结果发生的,应当由实施侵权行为的第三人承担赔偿责任。安全保障义务人有过错的,应当在其能够防止或者制止损害的范围内承担相应的补充赔偿责任。安全保障义务人承担责任后,可以向第三人追偿。赔偿权利人起诉安全保障义务人的,应当将第三人作为共同被告,但第三人不能确定的除外。

【法条依据】《最高人民法院关于审理人身损害赔偿案件

适用法律若干问题的解释》第 6 条。

问题 53:未成年子女在学校遭受人身损害的,可以要求学校承担赔偿责任吗?

答:按照法律规定,对未成年人依法负有教育、管理、保护义务的学校、幼儿园或者其他教育机构,未尽职责范围内的相关义务致使未成年人遭受人身损害,或者未成年人致他人人身损害的,应当承担与其过错相应的赔偿责任。这里学校承担的是过错责任,即如果学校已经尽了职责范围内的相关义务,那么学校就不用再承担责任。

当然如果这里致未成年人遭受人身损害发生的第三人明确的,则应当由其承担赔偿责任,而学校、幼儿园等教育机构有过错的,承担相应的补充赔偿责任。

【法条依据】《最高人民法院关于审理人身损害赔偿案件适用法律若干问题的解释》第 7 条。

问题 54:在雇佣活动中雇员致他人损害的,雇主要承担责任吗?比如雇佣他人建造房子时,某雇员造成他人损害的,雇主要承担责任吗?

答:按照法律规定,雇员在从事雇佣活动中致人损害的,雇主应当承担赔偿责任;雇员因故意或者重大过失致人损害的,应当与雇主承担连带赔偿责任。雇主承担连带赔偿责任的,可以向雇员追偿。

这里所指的"从事雇佣活动",是指从事雇主授权或者指示范围内的生产经营活动或者其他劳务活动。雇员的行为超出授权范围,但其表现形式是履行职务或者与履行职务有内在联系的,应当认定为"从事雇佣活动",即只要表面行使是

“从事雇佣活动”的即可。

比如雇佣他人建造房子时，某雇员只要表面上是在“从事雇佣活动”时造成他人损伤的，雇主就应当承担赔偿责任，这时如果雇主能够证明该雇员是故意或者重大过失的，则雇员应当承担连带责任，并且雇主在承担连带责任后可以向雇员追偿。

【法条依据】《最高人民法院关于审理人身损害赔偿案件适用法律若干问题的解释》第9条。

问题55：雇员在雇佣活动中遭受人身损害的，雇主要承担责任吗？比如雇员在从事建造房屋的活动中受伤，雇主要承担责任吗？

答：按照法律规定，雇员在从事雇佣活动中遭受人身损害，雇主应当承担赔偿责任。雇佣关系以外的第三人造成雇员人身损害的，赔偿权利人可以请求第三人承担赔偿责任，也可以请求雇主承担赔偿责任。雇主承担赔偿责任后，可以向第三人追偿。

需要注意的是，现在农村在建房时一般有两种方式：一是房主直接雇佣他人建房；二是房主把整栋房子的建造承包给某个包工头，然后由包工头雇佣他人建造。第一种方式直接由雇主承担责任没有问题，而在第二种情况下，有些房主就会认为自己已经把整个项目承包给他人，自己就不用承担责任。这就需要注意了，按照法律规定，雇员在从事雇佣活动中因安全生产事故遭受人身损害，发包人、分包人知道或者应当知道接受发包或者分包业务的雇主没有相应资质或者安全生产条件的，应当与雇主承担连带赔偿责任。也就是说，即使房主已经把整栋房屋的建造承包给包工头，但是如果作为房主的发包人知道或者应当知道接受发包业务的雇主（即这里的包工头）没有相应资质或者安全生产条件的，应当与雇主承担连带赔偿责任。

当然这里如果雇佣关系已经构成劳动关系了，则雇员（劳动者）受伤的应当属于工伤，由《工伤保险条例》调整。即依法应当参加工伤保险统筹的用人单位的劳动者，因工伤事故遭受人身损害，劳动者或者其近亲属向人民法院起诉请求用人单位承担民事赔偿责任的，告知其按《工伤保险条例》的规定处理。当然如果是因用人单位以外的第三人侵权造成劳动者人身损害，赔偿权利人请求第三人承担民事赔偿责任的，人民法院应予支持。

【法条依据】《最高人民法院关于审理人身损害赔偿案件适用法律若干问题的解释》第11－12条。

问题56：怎么区别劳动关系与雇佣关系？

答：劳动关系和雇佣关系主要可以从主体上进行区分。劳动关系的主体的一方必须是用人单位。即必须是在中华人民共和国境内的各类企业、事业单位、社会团体和个体工商户，而雇佣关系的主体的双方都是自然人。只要是依法登记的企事业单位、社会团体和依法登记的个体工商户，无论他们是否和劳动者之间签订有劳动合同，他们之间的关系都属于劳动关系，是一种事实的劳动关系。

根据《工伤保险条例》第63条的规定，对于被依法吊销执照和撤销登记的企事业单位和社会团体与劳动者之间的关系仍然是劳动关系，根据劳动社会保障部《非法用工单位伤亡人员一次性赔偿办法》第2条的规定，对于需要办理登记的企事业单位、社会团体和个体经济组织而没有按照有关规定办理的，按非法用工处理，属于事实劳动关系。雇佣关系的双方从事的是一种劳务关系，雇佣关系的双方主体是自然人或是自然人的集合。区分劳动关系和雇佣关系的法律效果主要体现在两者的解决途径不同：劳动关系中发生的纠纷首先要经过劳动仲裁委员会的仲裁，对仲裁不服的才能向法院起诉，实行仲裁前置程序。雇佣关系是民事关系，发生纠纷后无需经过仲裁程序，可以直接向法院起诉。如果劳动者在劳动中受伤，其处理的程序也不同，如果是劳动关系的劳动者受伤，属于工伤，适用《工伤保险条例》的规定进行赔偿，而雇佣关系中发生伤亡则属于民法中的人身损害，适用《民法通则》、《最高人民法院关于适用〈民法通则〉若干问题的意见》、《最高人民法院关于审理人身损害赔偿案件适用法律若干问题的解释》进行赔偿。

问题57：帮助他人提供无偿劳务时致人损害或者受到伤害的，可以要求被帮助人承担责任吗？

答：一般来说，无偿帮工时的责任承担是参照雇佣中的雇主的责任的，但是也有一定的区别。为他人无偿提供劳务的帮工人，在从事帮工活动中致人损害的，被帮工人应当承担赔偿责任。被帮工人明确拒绝帮工的，不承担赔偿责任。帮工人存在故意或者重大过失，赔偿权利人请求帮工人和被帮工人承担连带责任的，人民法院应予支持。

如果帮工人因帮工活动遭受人身损害的，被帮工人应当承担赔偿责任。但被帮工人明确拒绝帮工的，不承担赔偿责任;但可以在受益范围内予以适当补偿。如果帮工人是因第三人侵权遭受人身损害的,由第三人承担赔偿责任。第三人不能确定或者没有赔偿能力的,可以由被帮工人予以适当补偿。

【法条依据】《最高人民法院关于审理人身损害赔偿案件适用法律若干问题的解释》第 13—14 条。

第五章　婚姻家庭法与继承

第一节　婚　　姻

问题 58:结婚要符合什么条件?

答:结婚必须符合以下条件:

(1)男女双方完全自愿平等。《婚姻法》第 5 条规定:结婚必须男女双方完全自愿,不许任何一方对他方加以强迫或任何第三者加以干涉。

(2)必须符合法定的年龄。《婚姻法》第 6 条规定:结婚年龄,男不得早于 22 周岁,女不得早于 20 周岁。法定年龄以户口簿、身份证为准。

(3)男女双方为非直系血亲和三代以内的旁系血亲,并且没有患医学上认为不应当结婚的疾病。

【法条依据】《中华人民共和国婚姻法》第 5—7 条。

问题 59:未办理结婚登记手续的婚姻是否受法律保护?

答:这个需要区别对待,未按《婚姻法》第 8 条规定办理结婚登记而以夫妻名义共同生活的男女，在1994年2月1日民政部《婚姻登记管理条例》公布实施以前，男女双方已经符合结婚实质要件的，按事实婚姻处理。在1994年2月1日民政部《婚姻登记管理条例》公布实施以后，男女双方符合结婚实质要件的，人民法院应当告知其在案件受理前补办结婚登记；未补办结婚登记的，按解除同居关系处理。因此在1994年2月1日以前以夫妻名义共同生活的视为事实婚姻，受法律保护，但在这以后的按照同居关系处理。

【法条依据】《最高人民法院关于适用〈中华人民共和国婚姻法〉若干问题的解释（一）》第5条。

问题60：没到法定婚龄的婚姻关系受法律保护吗？

答：一般来说不受法律保护。《婚姻法》规定：未到法定婚龄的婚姻无效。但是如果登记时候未到法定婚龄，而后经过一段时间已经到法定婚龄的，不再认为婚姻无效，婚姻关系从符合法定结婚年龄时开始有效。

【法条依据】《中华人民共和国婚姻法》第10条。

问题61：什么是可撤销婚姻？受人胁迫结婚应该怎么办？

答：可撤销的婚姻是指不完全符合法律要求的有效婚姻要件的婚姻关系，我国婚姻法只规定了一种可撤销的婚姻，即因胁迫而结婚的。《婚姻法》第5条规定：结婚必须男女双方完全自愿，不许任何一方对他方加以强迫或任何第三者加以干涉。胁迫是违背一方自由婚姻的选择权的，因此，法律赋予当事人可向登记机关或者法院撤销婚姻的权利，我国《婚姻法》第11条规定：因胁迫结婚的，受胁迫的一方可以向婚姻登记机关或人民法院请求撤销该婚姻。但是法律同时又给予了当事人一定的选择权，因为受胁迫方可能在婚后觉得可以接受这个婚姻关系，那么法律就没有必要强行将当事人分开了。

【法条依据】《中华人民共和国婚姻法》第 5 条、第 11 条。

问题 62：向婚姻登记机关申请撤销婚姻关系，需要提供哪些材料？

答：《婚姻登记管理条例》第 9 条规定：因胁迫结婚的，受胁迫的当事人依据《婚姻法》第 11 条的规定向婚姻登记机关请求撤销其婚姻的，应当出具下列证明材料：①本人的身份证、结婚证；②能够证明受胁迫结婚的证明材料。

婚姻登记机关经审查认为受胁迫结婚的情况属实且不涉及子女抚养、财产及债务问题的，应当撤销该婚姻，宣告结婚证作废。

【法条依据】《婚姻登记管理条例》第 9 条。

问题 63：哪些情况属于重婚？

答：重婚，不但严重违反社会道德，更是一种犯罪行为。重婚结成的婚姻必然是无效的。根据《刑法》第 258 条规定，重婚是指一方有配偶又与他人登记结婚或者与他人以夫妻名义共同生活，以及明知他人有配偶又与之登记结婚，或者以夫妻名义共同生活的行为。

因此，构成重婚的有两类人。第一类是有配偶的人，又与他人登记结婚，或者与他人以夫妻名义共同生活的；第二类是明知他人已有配偶的人，又与之登记结婚，或者以夫妻名义共同生活的。第二类人构成重婚要求是“明知他人已有配偶”，事先知道，或者事后知道而继续保持婚姻关系，则属于“明知”。反之,不知道、受欺骗,则不构成重婚。

认定重婚,关键要看是否构成另一夫妻关系。一般来说重婚有两种情况:一是法律上重婚(法学理论上称为“法律婚”),指有配偶的人与他人登记结婚,指到婚姻登记机关进行结婚登记。二是事实上重婚(法学理论上称为“事实婚”),即有配偶的人与他人以夫妻名义共同生活。这也就是说,虽然1994年2月1日以后已经不存在“事实婚姻”,但在刑法上如果存在先有登记婚姻,后有一个符合事实婚姻条件的同居关系的也构成重婚。

但是需要注意的是,因为现实生活中的情况比较复杂,一般以下几种情况不属于重婚行为:

(1)有配偶者与他人偶尔通奸;

(2)先有事实婚姻,后与他人登记结婚;

(3)先有事实婚姻,后与他人有事实婚姻;

(4)有配偶者被拐卖后被迫再次成亲的。

【法条依据】《中华人民共和国刑法》第258条。

问题64:双方办理结婚登记手续但确未共同生活的,能够要求返还彩礼吗?

答:可以,但是以双方离婚为前提。《最高人民法院关于适用〈中华人民共和国婚姻法〉若干问题的解释(二)》规定:当事人请求返还按照习俗给付的彩礼的,如果查明属于以下情形,人民法院应当予以支持:①双方未办理结婚登记手续的;②双方办理结婚登记手续但确未共同生活的;③婚前给付并导致给付人生活困难的。适用前款第②、③项的规定,应当以双方离婚为条件。

【法条依据】《最高人民法院关于适用〈中华人民共和国婚姻法〉若干问题的解释(二)》第 10 条。

问题 65:婚约是否受法律保护?因解除婚约而引起的财产纠纷应该如何处理?

答:婚约具有一定的法律效力,但要受到严格的限制。首先,婚约不能被强制实际履行。根据我国《宪法》和《婚姻法》的规定,婚姻自由是绝对的,学理上也认为其具有不可放弃性。因此,任何一方不能以婚约为由强迫对方结婚。其次,婚约具有一定的法律上的约束力,违反婚约一方,必须赔偿对方因信赖婚约而造成的损失。但前述损失一般仅仅指物质损失,诸如“青春损失费”之类的精神赔偿一般难获法院支持。

问题 66:什么是无效婚姻?什么样的婚姻在法律上是无效的?

答:无效婚姻是指因违反《婚姻法》等相关法律规定或者不符合婚姻的实质要件而不受法律保护的婚姻关系。《婚姻法》第 10 条规定有下列情形之一的,婚姻无效:①重婚的;②有禁止结婚的亲属关系即存在直系血亲和三代以内的旁系血亲关系的;③婚前患有医学上认为不应当结婚的疾病,婚后尚未治愈的;④未到法定婚龄即男性未满 22 周岁,女性未满 20 周岁的。

无效婚姻自始无效,当事人不具有夫妻间的权利和义务。

【法条依据】《中华人民共和国婚姻法》第 10 条。

问题 67:哪些人可以向法院起诉主张婚姻无效?

答:根据《最高人民法院关于适用〈中华人民共和国婚姻法〉若干问题的解释(一)》规定:有权依据《婚姻法》第 10 条规

定向人民法院就已办理结婚登记的婚姻申请宣告婚姻无效的主体，包括婚姻当事人及利害关系人。利害关系人包括：①以重婚为由申请宣告婚姻无效的，为当事人的近亲属及基层组织；②以未到法定婚龄为由申请宣告婚姻无效的，为未达法定婚龄者的近亲属；③以有禁止结婚的亲属关系为由申请宣告婚姻无效的，为当事人的近亲属；④以婚前患有医学上认为不应当结婚的疾病，婚后尚未治愈为由申请宣告婚姻无效的，为与患病者共同生活的近亲属。

【法条依据】《最高人民法院关于适用〈中华人民共和国婚姻法〉若干问题的解释（一）》第7条。

问题68：婚姻无效的情况已经不存在时，还可以向法院申请宣告婚姻无效吗？比如登记时未满法定婚龄，但是申请时已满法定婚龄的。

答：不可以。《最高人民法院关于适用〈中华人民共和国婚姻法〉若干问题的解释（一）》规定：当事人依据《婚姻法》第10条规定向人民法院申请宣告婚姻无效的，申请时，法定的无效婚姻情形已经消失的，人民法院不予支持。

【法条依据】《最高人民法院关于适用〈中华人民共和国婚姻法〉若干问题的解释（一）》第8条。

问题69：如果婚姻无效或者被撤销，那共同生活期间的财产怎么处理？子女应该怎么处理？

答：《婚姻法》第12条规定：无效或被撤销的婚姻，自始无效。当事人不具有夫妻的权利和义务。同居期间所得的财产，由当事人协议处理；协议不成时，由人民法院根据照顾无过错方的原则判决。对重婚导致的婚姻无效的财产处理，不得侵害合法婚姻当事人的财产权益。当事人所生的子女，适用《婚姻法》有关父母子女关系的规定。

《婚姻法》关于父母子女关系的规定具体有：父母对子女有抚养教育的义务；子女对父母有赡养扶助的义务；父母不履行抚养义务时，未成年的或不能独立生活的子女，有要求父母付给抚养费的权利；子女不履行赡养义务时，无劳动能力的或生活困难的父母，有要求子女付给赡养费的权利；禁止溺婴、弃婴和其他残害婴儿的行为；父母有保护和教育未成年子女的权利和义务；在未成年子女对国家、集体或他人造成损害时，父母有承担民事责任的义务等。总之，当事人与其所生子女间适用法律规定的一切父母与子女之间的权利义务关系。

【法条依据】《中华人民共和国婚姻法》第12条、第21条、第23条。

问题70：哪些财产归夫妻共同所有？

答：《婚姻法》规定：夫妻在婚姻关系存续期间所得的下列财产，归夫妻共同所有：工资、奖金；生产、经营的收益；知识产权的收益，需要注意的是，该收益是实际取得或者已经明确可以取得的财产性收益；继承或赠与所得的财产，遗嘱或赠与合同中未确定只归夫或妻一方的财产；其他应当归共同所有的财产，如一方以个人财产投资取得的收益；男女双方实际取得或者应当取得的住房补贴、住房公积金；男女双方实际取得或者应当取得的养老保险金、破产安置补偿费。

【法条依据】《中华人民共和国婚姻法》第17条。

问题71：哪些财产属于夫妻一方的财产？

答：《婚姻法》规定为夫妻一方的财产的有：①一方的婚前

财产；②一方因身体受到伤害获得的医疗费、残疾人生活补助费等费用；③遗嘱或赠与合同中确定只归夫或妻一方的财产；④一方专用的生活用品；⑤其他应当归一方的财产。

【法条依据】《中华人民共和国婚姻法》第18条。

问题72：夫妻双方可以约定财产各自所有吗？

答：可以。《婚姻法》第19条规定：夫妻可以约定婚姻关系存续期间所得的财产以及婚前财产归各自所有、共同所有或部分各自所有、部分共同所有，约定应当采用书面形式。当然这个约定必须是明确具体的，如果没有约定或约定不明确的仍然按照《婚姻法》规定的夫妻共同财产和个人财产范围。

夫妻约定财产各自所有会产生什么样的效力呢？

一般来说在内部，夫妻双方对婚姻关系存续期间所得的财产以及婚前财产的约定，只要是真实自愿的，对双方都具有约束力。

对外部来说，夫妻双方如果对婚姻关系存续期间所得的财产约定归各自所有的，而夫或妻一方在婚姻存续期间对外所负的债务，第三人知道该约定的，以夫或妻一方所有的财产清偿。同时需要注意的是，对于"第三人知道该约定的"情况必须由夫妻一方来证明。

【法条依据】《中华人民共和国婚姻法》第19条，《最高人民法院关于适用〈中华人民共和国婚姻法〉若干问题的解释(一)》第18条。

问题73：哪些债务属于夫妻共同债务？夫妻共同债务应该怎么处理？

答：一般来说，以下债务属于夫妻共同债务：①婚前一方借款购置的财产已转化为夫妻共同财产，为购置这些财产所负的债务；一方婚前所负个人债务但债权人能够证明所负债务用于婚后家庭共同生活的。②夫妻为家庭共同生活所负的债务。夫妻为共同生活所负的债务，是指夫妻为了维持正常的家庭生活、家庭支出包括夫妻的衣、食、住、行和教育等方面所负的债务。在日常生活中，主要包括：购置共同生活用品所负债务，购买、装修、共同居住的住房所负的债务，夫妻一方或双方为治疗疾病支付医疗费用所负的债务，从事双方同意的文化教育、文娱体育活动所负的债务，婚前一方贷款购置的住房等财物已转化为夫妻共同财物的，为购置财物所负的债务，以及其他发生在日常生活中的应由双方共同负担的债务。③夫妻共同从事生产、经营活动所负的债务，或者一方从事生产经营活动，经营收入用于家庭生活或配偶分享所负的债务。夫妻共同经营所负的债务，包括双方共同从事工商业或农村承包经营所负的债务，购买生产资料所负的债务，共同从事投资或者其他金融活动所负的债务，以及在这些生产、经营活动中欠缴的税款等。这里的共同经营既包括夫妻双方一起共同从事投资、生产经营活动，也包括夫妻一方从事生产、经营活动但利益归家庭共享的情形。《最高人民法院关于贯彻执行〈中华人民共和国民法通则〉若干问题的意见》第41条规定：夫妻关系存续期间，一方从事个体经营或者承包经营的，其收入为夫妻共有财产，债务亦应以夫妻共有财产清偿。由此可见，一方以个人名义对外从事的经营活动所负的债务，因其经营收入已转化为夫妻共同财产或已用于夫妻共同生活的，该债务也应认定为夫妻共同债务。④夫妻一方或者双方治病以及为负有法定义务的人治病所负的债务。⑤因抚养子女所负的债务。⑥因赡养负有赡养义务的老人所负的债务。⑦为支付夫妻一方或双方的教育、培训费用所负的债务。⑧为支付正当必要的社会交往费用所负的债务。⑨夫妻协议约定为共同债务的债务。

夫妻共同债务是为共同生活所负的债务，夫妻双方有义务共同偿还。

【法条依据】《中华人民共和国婚姻法》第 41 条，《最高人民法院关于适用〈中华人民共和国婚姻法〉若干问题的解释(二)》第 23 条，《最高人民法院关于贯彻执行〈中华人民共和国民法通则〉若干问题的意见》第 41 条，《关于人民法院审理离婚案件处理财产分割问题的若干具体意见》第 17 条。

问题 74：离婚后，婚姻存续期间的债务应该怎么处理？

答：离婚时，对夫妻关系存续期间的债务处理方法如下：

离婚时原为夫妻共同生活所负的债务，应当共同偿还。共同财产不足清偿的，或财产归各自所有的，由双方协议清偿；协议不成时，由人民法院判决。

如果夫或妻一方对外所负的债务，而夫妻对婚姻关系存续期间所得的财产约定归各自所有的，第三人知道该约定的，以夫或妻一方所有的财产清偿。需要注意的是，夫妻间的财产约定需由夫妻一方对此负有举证责任证明第三人知道该约定。

那么，对于夫妻关系存续期间一方以个人名义所负的债务怎么承担呢？《最高人民法院关于适用〈中华人民共和国婚姻法〉若干问题的解释(二)》第 24 条规定，债权人就婚姻关系存续期间夫妻一方以个人名义所负债务主张权利的，应当按夫妻共同债务处理，即由夫妻共同偿还，但夫妻一方能够证明债权人与债务人明确约定为个人债务，或者能够证明第三人知道他们对婚姻关系存续期间所得的财产约定归各自所有的情形除外。也就是说，如果夫妻一方不能证明以上两种情况的，就算是个人所负的债务，仍然要按照共同债务而由夫妻共同偿还。

也许有人会问，如果夫妻中非借款一方对借款方的借款行为根本不知情或者所借款项根本不是用作夫妻共同生活的岂不是很不公平吗？针对这个问题实践中也有这么认为的，对外即对债权人仍然按照《婚姻法》解释（二）的规定由夫妻共同偿还。但是对夫妻关系内部，则由借款一方举证证明，所借款项是用于家庭共同生活或履行共同义务，如果借款一方无法证明，那么在夫妻关系内部则由借款一方来承担最终的还款责任，即非借款一方对外承担偿还责任后还可向借款一方追偿。该观点的依据是，最高人民法院发布的《关于人民法院审理离婚案件处理财产分割问题的若干具体意见》第 17 条第 1 款：夫妻为共同生活或为履行抚养、赡养义务等所负债务，应当认定为夫妻共同债务，离婚时应当以夫妻共同财产清偿。

【法条依据】《最高人民法院关于适用〈中华人民共和国婚姻法〉若干问题的解释（二）》第 24 条，《关于人民法院审理离婚案件处理财产分割问题的若干具体意见》第 17 条，《中华人民共和国婚姻法》第 41 条。

问题 75:夫妻对共同财产进行处分,需要与对方协商一致吗? 一方擅自对共同财产进行的处分有效吗?

答:《婚姻法》第 17 条第 2 款规定:夫妻对共同所有的财产,有平等的处理权。关于平等的处理权应该从以下方面进行理解:①夫或妻在处理夫妻共同财产上的权利是平等的。因日常生活需要而处理夫妻共同财产的,任何一方均有权决定。②夫或妻非因日常生活需要对夫妻共同财产作重要处理决定,夫妻双方应当平等协商,取得一致意见。他人有理由相信其为夫妻双方共同意思表示的,另一方不得以不同意或不知道为由对抗善意第三人。

因此,对于因日常生活而处理共同财产的任何一方都有权自行决定,但是对于非因日常生活而对共有财产作出重要处理决定的应当协商一致。但是当一方擅自作出处分,而他人是有理由相信其为夫妻双方共同意思表示的,则该处分行为即有效。

【法条依据】《中华人民共和国婚姻法》第 17 条,《最高人民法院关于适用〈中华人民共和国婚姻法〉若干问题的解释(一)》第 17 条。

问题 76:协议离婚需要向登记机关提供哪些材料? 提交这些材料后是否一定能离婚?

答:协议离婚是指夫妻双方自愿到婚姻登记机关申请离婚的法律行为。办理离婚登记的内地居民应当出具下列证件和证明材料:①本人的户口簿、身份证;②本人的结婚证;③双方当事人共同签署的离婚协议书。离婚协议书应当载明双方当事人自愿离婚的意思表示以及对子女抚养、财产及债务处理等事项协商一致的意见。

婚姻登记机关在对离婚登记当事人出具的证件、证明材料进行审查并询问相关情况后，如果确认双方当事人确属自愿离婚，并已对子女抚养、财产、债务等问题达成一致处理意见的，应当当场予以登记，发给离婚证。

但是需要注意的是，并不是具备以上材料就能登记离婚的，如果办理离婚登记的当事人属于无民事行为能力人或者限制民事行为能力人的，或者其结婚登记不是在中国内地办理的，不予受理。

【法条依据】《婚姻登记管理条例》第11—13条。

问题77：双方在履行离婚时达成的财产分割协议时发生了纠纷，该怎么办？

答：离婚协议中关于财产分割的条款或者当事人因离婚就财产分割达成的协议，对男女双方都具有法律约束力。当双方当事人在履行上述财产分割协议发生纠纷时可以先自行协商解决，当协商不了时可以向人民法院提起诉讼。

问题78：协议离婚以后对于财产协议反悔，是否可以起诉？

答：可以，但必须在双方协议离婚后一年内。男女双方协议离婚后一年内就财产分割问题反悔，可以请求人民法院予以变更或者撤销财产分割协议的。

当然，如果人民法院审理后未发现订立财产分割协议时存在欺诈、胁迫等情形的，应当依法驳回当事人的诉讼请求，即只有在离婚协议订立时存在欺诈、胁迫等情形的才可能被撤销或者变更。

【法条依据】《最高人民法院关于适用〈中华人民共和国婚姻法〉若干问题的解释(二)》第9条。

问题79:什么是《婚姻法》规定的家庭暴力?

答:《婚姻法》所称的“家庭暴力”,是指行为人以殴打、捆绑、残害、强行限制人身自由或者其他手段,给其家庭成员的身体、精神等方面造成一定伤害后果的行为。如果家庭暴力呈现持续性、经常性的状态则会构成虐待。

【法条依据】《最高人民法院关于适用〈中华人民共和国婚姻法〉若干问题的解释(一)》第1条。

问题80:遭受家庭暴力的受害人主要有哪些途径可以保护自己?

答:遭受家庭暴力的受害者一方主要有以下途径可以寻求保护:

(1)《中华人民共和国婚姻法》规定的保护。

①实施家庭暴力或虐待、遗弃家庭成员的离婚案件如调解无效的,应准予离婚。

②实施家庭暴力或虐待家庭成员,受害人有权提出请求,居民委员会、村民委员会以及所在单位应当予以劝阻、调解;对正在实施的家庭暴力,受害人有权提出请求,居民委员会、村民委员会应当予以劝阻;公安机关应当予以制止;实施家庭暴力或虐待家庭成员,受害人提出请求的,公安机关应当依照治安管理处罚的法律规定予以行政处罚。如治安管理处罚条例对侵犯他人人身权利尚不够刑事处罚的“殴打他人、造成轻微伤害”、“非法限制他人人身自由”、“虐待家庭成员,受虐待人要求处理”等规定应由公安机关予以拘留、罚款或警告。

③对实施家庭暴力或虐待、遗弃家庭成员构成犯罪的，依法追究刑事责任。受害人可以依照《刑事诉讼法》的有关规定，向人民法院自诉。

④实施家庭暴力导致离婚的，无过错方有权请求损害赔偿(这里需要注意的是，赔偿的前提是离婚)。

(2)《继承法》规定家庭暴力行为可能引起继承权的丧失，即如果继承人有"故意杀害被继承人"、"为争夺遗产而杀害其他继承人"、"遗弃被继承人或虐待被继承人情节严重"等行为的，丧失继承权。

(3)对实施家庭暴力构成犯罪的，应当按照法律的规定追究刑事责任。受害人可以依照《刑事诉讼法》的有关规定，向人民法院提起自诉，而对于实施家庭暴力致被害人重伤、死亡的，受害人及其近亲属可以向公安机关报案，公安机关应当依法侦查，人民检察院应当依法提起公诉。

【法条依据】《中华人民共和国婚姻法》第32条、第43条、第45—46条，《中华人民共和国继承法》第7条，《刑法》第232—238条、第240条、第246条、第257条、第260—261条。

问题81：起诉离婚应当向哪级法院提出？

答：当事人提起的离婚诉讼一般是由被告所在地(被告住所地与经常居住地不一致的，由经常居住地人民法院管辖)法院管辖，但是下列情况除外：

(1)夫妻一方离开住所地超过一年，另一方起诉离婚的案件，由原告住所地人民法院管辖。

(2)夫妻双方离开住所地超过一年，一方起诉离婚的案件，由被告经常居住地人民法院管辖；没有经常居住地的，由原告起诉时居住地人民法院管辖。

(3)对不在中华人民共和国领域内居住的人提起的离婚诉讼由原告住所地人民法院管辖;原告住所地与经常居住地不一致的,由原告经常居住地人民法院管辖。

(4)对下落不明或者宣告失踪的人提起的离婚诉讼由原告住所地人民法院管辖;原告住所地与经常居住地不一致的,由原告经常居住地人民法院管辖。

(5)对被劳动教养或被监禁的人提起的离婚诉讼由原告住所地人民法院管辖;原告住所地与经常居住地不一致的,由原告经常居住地人民法院管辖。

(6)非军人对军人提出的离婚诉讼,如果军人一方为非文职军人,由原告住所地人民法院管辖。

(7)离婚诉讼双方当事人都是军人的,由被告住所地或者被告所在的团级以上单位驻地的人民法院管辖。

【法条依据】《最高人民法院关于适用〈中华人民共和国民事诉讼法〉若干问题的意见》第 11—12 条,《中华人民共和国民事诉讼法》第 22—23 条。

问题 82:有没有法律禁止起诉离婚的情况?

答:有。《婚姻法》第 34 条规定,女方在怀孕期间、分娩后一年内或中止妊娠后 6 个月内,男方不得提出离婚,这是《婚姻法》为了保护妇女、胎儿和婴儿的利益所作的特别规定,对该条的两点例外需要注意:

(1)如果是女方提出离婚的不在此限。女方在此期间提出离婚往往都是无法继续忍受男方在精神上或者肉体上的折磨,如不及时受理离婚就有违《婚姻法》该条保护妇女权益的初衷了。但是对是否准予离婚仍然要按照《婚姻法》第 32 条的规定处理，即要先进行调解，调解不成的再判断感情是否破裂，以此来决定是否需要准予离婚。

(2)人民法院认为确有必要受理男方离婚请求的，不在此限。这里的确有必要主要是指以下几种情况：

①女方是在婚后与他人发生性关系而导致的怀孕。《婚姻法》第 4 条规定夫妻应当互相忠实。妻子因没有忠实于丈夫而与别人发生关系怀孕，这时候如果一味强调对妇女的保护有违公平。

②在女方的怀孕期间、分娩后一年内或中止妊娠后六个月内，男方的生命受到女方的威胁或者合法权益遭到女方的严重侵害的。

③女方婚后与他人通奸或者卖淫而患有性病，不宜生育的。

④女方对婴儿有虐待遗弃行为的。

⑤女方在此期间下落不明的。

【法条依据】《中华人民共和国婚姻法》第 4 条、第 32 条、第 34 条。

问题 83：夫妻一方为现役军人，诉讼离婚是不是比较困难？

答：是的，法律对现役军人的婚姻给予了特别的保护。《婚姻法》第 33 条规定：现役军人的配偶要求离婚，须得到军人同意，但军人一方有重大过错的除外。

那么，哪些行为属于重大过错呢？法律规定，这里的重大过错主要是指：①重婚或有配偶者与他人同居的；②实施家庭暴力或虐待、遗弃家庭成员的；③有赌博、吸毒等恶习屡教不改的；④其他重大过错导致夫妻感情破裂的情形。

【法条依据】《中华人民共和国婚姻法》第32—33条，《最高人民法院关于适用〈中华人民共和国婚姻法〉若干问题的解释(一)》第23条。

问题84：离婚后双方复婚的，需要重新办理婚姻登记吗？

答：离婚后原婚姻关系已经不复存在，双方除在子女问题上有关联外就不存在任何其他法律上的关联了，因此，离婚后男女双方自愿恢复夫妻关系的，必须到婚姻登记机关进行复婚登记。其登记性质和一般的结婚登记性质没有区别。

【法条依据】《中华人民共和国婚姻法》第35条。

问题85：离婚时，一方生活困难的，可以请求对方给予帮助吗？

答：可以。《婚姻法》第42条规定，离婚时，如一方生活困难，另一方应从其住房等个人财产中给予适当帮助。具体办法由双方协议；协议不成时，由人民法院判决。

【法条依据】《中华人民共和国婚姻法》第42条。

问题86：父母为双方买房出资的，离婚时应该怎么处理？

答：父母为双方买房出资的情况要具体情况具体分析：①如果是当事人结婚前父母为双方购置房屋出资的，一般来说该出资应当认定为对自己子女的个人赠与，但父母明确表示赠与双方的除外；②如果是当事人结婚后父母为双方购置房屋出资的，该出资应当认定为对夫妻双方的赠与，但父母明确表示赠与一方的除外。

【法条依据】《中华人民共和国婚姻法》第42条,《最高人民法院关于适用〈中华人民共和国婚姻法〉若干问题的解释(二)》第22条。

问题87:婚前一方所负的个人债务,需要夫妻双方共同偿还吗?

答:一般来说,债权人就一方婚前所负个人债务向债务人的配偶主张权利的,人民法院不予支持。但需要注意的是,如果债权人能够证明所负债务用于婚后家庭共同生活的除外。

【法条依据】《最高人民法院关于适用〈中华人民共和国婚姻法〉若干问题的解释(二)》第23条。

问题88:法院在离婚判决中对夫妻共同债务进行分割后,夫妻双方还需要对外共同承担责任吗?

答:需要。当事人的离婚协议或者人民法院的判决书、裁定书、调解书已经对夫妻财产分割问题作出处理的,债权人仍有权就夫妻共同债务向男女双方主张权利。但需要注意的是一方就共同债务承担连带清偿责任后,可以基于离婚协议或者人民法院的法律文书向另一方主张追偿。

【法条依据】《最高人民法院关于适用〈中华人民共和国婚姻法〉若干问题的解释(二)》第25条。

问题89:离婚时发现对方有隐瞒夫妻共同财产或者伪造共同债务的情况,该怎么办?

答:离婚时,如果发现一方有隐藏、转移、变卖、毁损夫妻共同财产,或伪造债务企图侵占另一方财产的,可以向人民法院起诉在分割夫妻共同财产时,对隐藏、转移、变卖、毁损夫妻共同财产或伪造债务的一方少分或不分共同财产。

【法条依据】《中华人民共和国婚姻法》第 47 条。

问题 90:离婚后突然发现一方有隐瞒夫妻共同财产或者伪造共同债务的情况,该怎么办?

答:离婚后才发现一方在离婚时有隐藏、转移、变卖、毁损夫妻共同财产,或伪造债务企图侵占另一方财产的行为的,可以向人民法院提起诉讼,请求再次分割夫妻共同财产。

【法条依据】《中华人民共和国婚姻法》第 47 条。

问题 91:什么情况下可以请求离婚损害赔偿?

答:《婚姻法》第 46 条规定,有下列情形之一导致离婚的,无过错方有权请求损害赔偿:①重婚的;②有配偶者与他人同居的;③实施家庭暴力的;④虐待、遗弃家庭成员的。

但无过错方请求损害赔偿应当注意以下问题:

(1)《婚姻法》第 46 条规定的"损害赔偿",包括物质损害赔偿和精神损害赔偿。涉及精神损害赔偿的,适用最高人民法院《关于确定民事侵权精神损害赔偿责任若干问题的解释》的有关规定。

(2)承担《婚姻法》第 46 条规定的损害赔偿责任的主体,为离婚诉讼当事人中无过错方的配偶。

(3)尤为需要注意的是,人民法院判决不准离婚的案件,对于当事人基于《婚姻法》第 46 条提出的损害赔偿请求,不予支持。及在婚姻关系存续期间,当事人不起诉离婚而单独依据该条规定提起损害赔偿请求的,人民法院不予受理。即,无过错方请求损害赔偿的前提是双方离婚。

【法条依据】《中华人民共和国婚姻法》第 46 条，《最高人民法院关于适用〈中华人民共和国婚姻法〉若干问题的解释(一)》第 28—29 条。

问题 92：第一次判决不准离婚或者调解和好的离婚案件，再次起诉离婚的有什么限制吗？

答：按照《民事诉讼法》的规定，对判决不准离婚和调解和好的离婚案件，判决、调解维持收养关系的案件，没有新情况、新理由，原告在 6 个月内又起诉的，不予受理。

但是需要注意的是，这里仅是对原告的限制，即再次提起离婚诉讼的原告必须是与第一次判决同一原告，如果第一次判决或调解的被告在第一次调解或者判决之后提起离婚诉讼的不需要受此 6 个月的限制。

【法条依据】《中华人民共和国民事诉讼法》第 111 条。

问题 93：离婚案件原告撤回起诉后可以再次起诉要求解除婚姻关系吗？

答：一般来说，当事人撤诉或人民法院按撤诉处理后，当事人以同一诉讼请求再次起诉的，人民法院应予受理。但是离婚案件撤诉再起诉的有一定的限制条件，如果原告撤诉或者按撤诉处理的离婚案件，没有新情况、新理由，6 个月内又起诉的，可依照《民事诉讼法》第 111 条第 7 项的规定不予受理，即没有新情况、新理由，原告在 6 个月内又起诉的，不予受理。

这里按撤诉处理的案件，是指原告应当预交而未预交案件受理费，人民法院应当通知其预交，通知后仍不预交或者申请减、缓、免未获人民法院批准而仍不预交的，裁定按自动撤诉处理。

【法条依据】《最高人民法院关于适用〈中华人民共和国民事诉讼法〉若干问题的意见》第 144 条第 2 款。

第二节　父母子女

问题 94：离婚后，子女随一方生活，另一方还需要抚养教育吗？抚养教育费应当怎样确定？

答：父母与子女间的关系，不因父母离婚而消除。离婚后，子女无论由父或母直接抚养，仍是父母双方的子女。既然父母子女关系仍然存在，而父母有保护和教育未成年子女的权利和义务。也就是说，即使离婚后，父母对于子女仍有抚养和教育的权利和义务。

关于抚养的费用，《婚姻法》第 37 条作了如下规定：离婚后，一方抚养的子女，另一方应负担必要的生活费和教育费的一部或全部，负担费用的多少和期限的长短，由双方协议；协议不成时，由人民法院判决。

子女抚育费的数额，一般可根据子女的实际需要、父母双方的负担能力和当地的实际生活水平确定。有固定收入的，抚育费一般可按其月总收入的 20%—30%的比例给付。负担两个以上子女抚育费的，比例可适当提高，但一般不得超过月总收入的 50%。无固定收入的，抚育费的数额可依据当年总收入或同行业平均收入，参照上述比例确定。有特殊情况的，可适当提高或降低上述比例。

需要注意的是，抚养费可以定期给付，或者有条件的也可一次性给付。

【法条依据】《婚姻法》第21条、第36－37条，《最高人民法院关于人民法院审理离婚案件处理子女抚养问题的若干具体意见》第7条。

问题95：父母双方可以协议子女随一方生活并由抚养方负担子女全部抚育费吗？

答：可以。父母双方可以协议子女随一方生活并由抚养方负担子女全部抚育费。但需要注意的是，如经查实，抚养方的抚养能力明显不能保障子女所需费用，影响子女健康成长的，不予准许。

【法条依据】《最高人民法院关于人民法院审理离婚案件处理子女抚养问题的若干具体意见》第10条。

问题96：子女满18周岁后(即成年子女)，还可以要求父母给付抚育费吗？

答：在一定情况下可以。

一般情况下，抚育费的给付期限是到子女18周岁为止。(16周岁以上不满18周岁，以其劳动收入为主要生活来源，并能维持当地一般生活水平的，父母可停止给付抚育费。)

但是尚未独立生活的成年子女有下列情形之一，父母又有给付能力的，仍应负担必要的抚育费：①丧失劳动能力或虽未完全丧失劳动能力，但其收入不足以维持生活的；②尚在校就读的(一般仅指高中阶段的在校就读时间)；③确无独立生活能力和条件的。

【法条依据】《最高人民法院关于人民法院审理离婚案件处理子女抚养问题的若干具体意见》第11－12条。

问题 97:子女生活费和教育费的协议确定后或由法院判决确定后,还可以要求增加吗?

答:可以。关于子女生活费和教育费的协议或判决,并不妨碍子女在必要时向父母任何一方提出超过协议或判决原定数额的合理要求。

当然这里应当明确什么情况属于“必要时”,一般来说“必要时”主要有下列情形:

(1)原定抚育费数额不足以维持当地实际生活水平的;

(2)因子女患病、上学,实际需要已超过原定数额的;

(3)有其他正当理由应当增加的。

当然,在审理时也应当考虑父或母一方是否具有给付能力。

【法条依据】《中华人民共和国婚姻法》第 37 条,《最高人民法院关于人民法院审理离婚案件处理子女抚养问题的若干具体意见》第 18 条。

问题 98:离婚后,如果直接抚养子女方变更子女姓氏的,另一方可以拒付抚育费吗?

答:不可以。根据《婚姻法》,子女可以随父姓,可以随母姓。父母与子女的关系不会因父母离婚而消灭,更不会因子女姓氏的变更而消灭,父母对子女有抚养教育的义务,父母不得因子女变更姓氏而拒付子女抚育费。

但是需要注意的是,一般来说父或母一方擅自将子女姓氏改为继母或继父姓氏而引起纠纷的,法院应当责令恢复原姓氏。

【法条依据】《中华人民共和国婚姻法》第 21－22 条,《最高人民法院关于人民法院审理离婚案件处理子女抚养问题的若干具体意见》第 19 条。

问题 99：离婚后，不直接抚养子女的父或母一方可以看望子女吗？如果另一方认为对方探望子女时不利于子女的身心健康的，如带小孩参加赌博等，应该怎么办？

答：离婚后不直接抚养子女的父或母，有探望子女的权利，并且另一方有协助的义务。当然行使探望权利的方式、时间可以由当事人协议；协议不成时，可由人民法院判决。

如果直接抚养子女一方认为另一方探望子女时有不利于子女身心健康的行为的，可以向人民法院申请中止对方探望的权利。当然这里只是“中止”，而不是“终止”，即中止的事由消失后，应当恢复探望的权利。还需要注意的是，恢复探望权也应当向法院提出申请，由人民法院根据当事人的申请通知其恢复探望权的行使。

【法条依据】《中华人民共和国婚姻法》第 38 条。

第三节　收　　养

问题 100：哪些人可以被收养？收养子女时需要征得被收养人的同意吗？

答：根据《收养法》的规定，被收养人首先必须是不满 14 周岁的未成年人，同时该不满 14 周岁的未成年人还必须满足以下条件：①丧失父母的孤儿；②查找不到生父母的弃婴和儿童；③生父母有特殊困难无力抚养的子女。

但是需要注意的是，收养三代以内同辈旁系血亲的子女，可以不受“生父母有特殊困难无力抚养的子女”及“被收养人不满 14 周岁”的限制。即如果收养人与被收养人父母是三代以内同辈旁系血亲关系的，收养人可以收养满 14 周岁以上或者被收养人父母有抚养能力的子女。

一般来说，收养年满10周岁以上未成年人的，应当征得被收养人的同意。因为满10周岁的未成年人已经属于限制行为能力人，具备了一定的识别能力，应当适当尊重他们的意见。

【法条依据】《中华人民共和国收养法》第4条、第7条、第11条。

问题101：父母没有能力抚养子女的，可以将子女送给别人收养吗？如果送养的话，需要双方一致同意吗？

答：有特殊困难无力抚养子女的生父母可以将子女送给别人收养，但是必须符合法定程序，即需向县级以上人民政府民政部门办理收养登记，收养关系自登记之日起成立。如果未办理收养登记手续而只是口头协议将子女送于他人抚养的，不构成收养关系。

一般情况下，父母将子女送养的，需要父母双方共同送养，即需要双方一致同意，但是生父母一方不明或者查找不到的，可以单方送养。

【法条依据】《中华人民共和国收养法》第5条、第10条。

问题102：怎么判断自己可不可以收养子女？

答：根据《中华人民共和国收养法》第6条规定，收养人应当同时具备下列条件：

(1)无子女；

(2)有抚养教育被收养人的能力；

(3)未患有在医学上认为不应当收养子女的疾病；

(4)年满30周岁。

但是需要注意的是：《收养法》规定了收养孤儿、残疾儿童或者社会福利机构抚养的查找不到生父母的弃婴和儿童，可以不受收养人无子女的限制。即如果收养人有子女，但是想收养孤儿、残疾儿童或者社会福利机构抚养的查找不到生父母的弃婴和儿童也是可以的。

【法条依据】《中华人民共和国收养法》第5条、第8条。

问题103：无配偶的男子可以收养女孩子吗？有没有什么限制？

答：无配偶的男性可以收养女孩子，但收养人与被收养人的年龄应当相差40周岁以上。这里需要注意的是，如果收养人收养的是三代以内同辈旁系血亲的子女，可以不受年龄相差40周岁以上的限制。

【法条依据】《中华人民共和国收养法》第7条、第9条。

问题104：夫妻一方收养子女，但另一方不同意的怎么办？

答：一般来说，有配偶者收养子女，须夫妻共同收养，即应当征得对方同意。但如果不愿意收养的另一方后来明确表示或者以行动表示愿意共同抚养被收养子女的，也能成立夫妻双方与被收养人的收养关系。

【法条依据】《中华人民共和国收养法》第10条。

问题105：收养子女需要办理什么手续吗？到哪里办理？

答：收养应当向县级以上人民政府民政部门登记。收养关系自登记之日起成立。应当引起注意的是，未办理登记手续的收养关系是不受法律保护的。

收养登记应当根据不同情况到不同地点办理：

(1)收养社会福利机构抚养的查找不到生父母的弃婴、儿童和孤儿的，在社会福利机构所在地的收养登记机关办理登记。

(2)收养非社会福利机构抚养的查找不到生父母的弃婴和儿童的，在弃婴和儿童发现地的收养登记机关办理登记。

(3)收养生父母有特殊困难无力抚养的子女或者由监护人监护的孤儿的，在被收养人生父母或者监护人常住户口所在地(组织作监护人的，在该组织所在地)的收养登记机关办理登记。

(4)收养三代以内同辈旁系血亲的子女，以及继父或者继母收养继子女的，在被收养人生父或者生母常住户口所在地的收养登记机关办理登记。

【法条依据】《中华人民共和国收养法》第15条，《中国公民收养子女登记办法》第3条。

问题106：生父母将子女送养后可以再生育子女吗?

答：送养人不得以送养子女为理由违反计划生育的规定再生育子女。

【法条依据】《中华人民共和国收养法》第19条。

问题107：出现哪些情况后可以解除收养关系？解除收养关系还需要办理登记吗?

答：一般来说，收养人在被收养人成年以前不得解除收养关系，但以下三种情况可以解除：

(1)收养人、送养人双方协议解除，同时养子女年满10周岁以上的，应当征得本人同意。

(2)收养人不履行抚养义务,有虐待、遗弃等侵害未成年养子女合法权益行为的,送养人有权要求解除养父母与养子女间的收养关系。送养人、收养人不能达成解除收养关系协议的,可以向人民法院起诉。

(3)养父母与成年养子女关系恶化、无法共同生活的,可以协议解除收养关系。不能达成协议的,可以向人民法院起诉。

当事人协议解除收养关系的,应当持居民户口簿、居民身份证、收养登记证和解除收养关系的书面协议,共同到被收养人常住户口所在地的收养登记机关办理解除收养关系登记。但是经法院判决或调解解除收养关系的不需要办理解除收养关系登记。

【法条依据】《中华人民共和国收养法》第 26—27 条,《中国公民收养子女登记办法》第 9 条。

问题 108:收养关系解除后,养子女与生父母的关系是自动恢复的吗?

答:收养关系解除后,养子女与养父母及其他近亲属间的权利义务关系即行消除,但与生父母及其他近亲属间的权利义务关系是否自行恢复要看养子女是否成年而定。

如果养子女未成年,则其与生父母及其他近亲属间的权利义务关系自行恢复;如果养子女已成年,则其与生父母及其他近亲属间的权利义务关系是否恢复,可以协商确定。

【法条依据】《中华人民共和国收养法》第 29 条。

问题 109:生父母要求解除收养关系后,养父母可以要求生父母补偿收养期间支出的费用吗?

答:一般情况下,如果是生父母要求解除收养关系的,养父母可以要求生父母适当补偿收养期间支出的生活费和教育费，但如果生父母要求解除收养关系是因为养父母虐待、遗弃养子女的，则不能支持养父母要求的适当补偿。

【法条依据】《中华人民共和国收养法》第30条第2款。

第四节　继　　承

问题110：什么是继承权？

答：继承权是指公民依照法律的规定或者被继承人生前立下的合法有效的遗嘱而承受被继承人遗产的权利。继承权包括两种含义：

(1)客观意义上的继承权。它是指继承开始前，公民依照法律的规定或者遗嘱的指定而接受被继承人遗产的资格，即继承人所具有的继承遗产的权利能力。即享有客观意义上的可能性继承权。

(2)主观意义上的继承权。它是指当法定的条件(即被继承人死亡时)具备时，继承人对被继承人留下的遗产已经拥有的事实上的财产权利，即已经属于继承人并给他带来实际财产利益的继承权。

这种继承权同继承人的主观意志相联系，不仅可以接受、行使，而且还可以放弃，是具有现实性、财产权的继承权。

问题111：被继承人死亡后，哪些财产可以作为遗产？

答：遗产是公民死亡时遗留的个人合法财产，包括：①公民的收入；②公民的房屋、储蓄和生活用品；③公民的林木、牲畜和家禽；④公民的文物、图书资料；⑤法律允许公民所有的生产资料；⑥公民的著作权、专利权中的财产权利；⑦公民的其他合法财产，如有价证券和履行标的为财物的债权等；⑧个人承包应得的个人收益。

在确定遗产的范围时，我们要注意这样几个问题：

(1)要查明公民死亡后所遗留的财产，其取得方式是否合法。公民生前非法取得的财产不能作为遗产用于继承。

(2)要查明公民对其生前实际占有的财产，是否确实享有所有权，如是向他人租借的财产，则不能作为遗产用于继承。

(3)要严格区分公民个人的财产及与他人共有的财产，如属共有财产，则应先析产，后继承。

(4)某些被继承人不可转让的人身性权利，如受扶养赡养的权利，领取养老金、退休金、病残人员补助金等权利是不能被继承的。

(5)要明确公民死亡后所遗留的财产在其生前是否已发生了所有权的转移，另外，还要弄清抚恤金、生活补助费及保险金是否已明确了受益人，如已明确了受益人，则这些抚恤金、生活补助费及保险金等即属于该受益人所有，而不属于遗产的范围。

【法条依据】《中华人民共和国继承法》第 3－4 条，《最高人民法院关于贯彻执行〈中华人民共和国继承法〉若干问题的意见》第 3 条。

问题 112：继承人主要有哪些权利和义务？

答：按照《继承法》等相关规定，继承人有如下权利和义务：

(1)继承人有接受继承和放弃继承的权利。继承人是否接受继承是法律赋予的权利，而非其义务。

(2)继承人有取得遗产的权利。没有放弃继承的继承人自继承开始便可以取得已死亡的被继承人的财产(遗产)。

(3)继承有请求分割遗产的权利。遗产被几个继承人同时继承时,如经其中某一继承人的请求,那么可以将遗产予以分割。当然,分割遗产不能侵害他人的利益。

(4)继承人有管理遗产的权利和义务。尤其是那些实际占有遗产的继承人,在遗产分割以前应认真管理遗产。

(5)附义务遗嘱继承或遗赠,如义务能够履行,而继承人、受遗赠人无不正当理由不履行,经受益人或其他继承人请求,人民法院可以取消他接受附义务那部分遗产的权利,由提出请求的继承人或受益人负责按遗嘱人的意愿履行义务,接受遗产。

(6)偿还被继承人债务的义务。继承人继承遗产时应当清偿被继承人依法应当缴纳的税款和债务,缴纳税款和清偿债务以他的遗产的实际价值为限。当然,对于超过遗产实际价值部分,如果继承人自愿偿还的也是可以的。

【法条依据】《中华人民共和国继承法》第 33 条,《最高人民法院关于贯彻执行〈中华人民共和国继承法〉若干问题的意见》第 43 条。

问题 113:什么是法定继承?法定继承人包括哪些人?

答:法定继承又称为无遗嘱继承,是指由法律直接规定继承人的范围、继承顺序、遗产分配原则的一种继承方式。法定继承实际发生的条件主要有以下几种:

(1)被继承人生前没有立下遗嘱;

(2)遗嘱继承人放弃继承或受遗赠人放弃受遗赠;

(3)遗嘱继承人丧失继承权;

(4)遗嘱继承人、受遗赠人先于遗嘱继承人死亡；

(5)遗嘱无效部分所涉及的遗产；

(6)遗嘱未予处分的遗产。

法定继承是严格建立在人身关系的基础上的，并且严格限定在有抚养关系的家庭成员的范围之内。依照法律规定，有权继承被继承人遗产的被继承人亲属，其范围，根据我国《继承法》的规定，包括被继承人的配偶、子女、父母、兄弟姐妹、祖父母和外祖父母。

所谓配偶，是指被继承人死亡时与其保持婚姻关系的人，即被继承人的妻子或丈夫。

所谓子女，是指与被继承人有最近血缘关系的直系血亲，根据我国《继承法》的规定，子女包括婚生子女、非婚生子女、养子女和有扶养关系的继子女。丧偶儿媳对公婆、丧偶女婿对岳父母尽了主要抚养义务的，也属于法定继承人的范围，与子女享有平等的继承权。

父母的范围包括生父母、养父母和继父母。与继子女形成扶养教育关系的继父母，对继子女的遗产享有继承权，同时对生子女的遗产也享有继承权。

兄弟姐妹之间是血缘关系最近的旁系血亲，其范围包括同父母的兄弟姐妹、同父异母或同母异父的兄弟姐妹、养兄弟姐妹和有扶养关系的继兄弟姐妹，其中继兄弟姐妹因扶养关系的存在而相互继承遗产的，不影响兄弟姐妹继承其亲兄弟姐妹遗产的权利。

【法条依据】《中华人民共和国继承法》第10条。

问题114：法定继承一般是按照什么顺序进行的？

答：按照《继承法》的规定，遗产按照下列顺序继承：

第一顺序：配偶、子女、父母。

第二顺序：兄弟姐妹、祖父母、外祖父母。

继承开始后，如果有第一顺序的继承人则由第一顺序继承人继承，第二顺序继承人不继承。只有在没有第一顺序继承人继承时，才由第二顺序继承人继承。

需要注意的是，同一顺位如果有好几个继承人存在的应该怎样继承。按照《婚姻法》的规定，同一顺序继承人继承遗产的份额，一般情况下是应当均等继承的，但是存在以下情况的可以多分或者少分：

(1)对生活有特殊困难的缺乏劳动能力的继承人，分配遗产时，应当予以照顾。

(2)对被继承人尽了主要扶养义务或者与被继承人共同生活的继承人，分配遗产时，可以多分。

(3)有扶养能力和有扶养条件的继承人，不尽扶养义务的，分配遗产时，应当不分或者少分。

当然，如果继承人协商同意，达成一致意见的，也可以不均等。

【法条依据】《中华人民共和国继承法》第10条、第13条。

问题115：什么是遗嘱继承？哪些人可以称为遗嘱继承人？

答：遗嘱继承是法定继承的对称，是指遗嘱中所指定的继承人根据遗嘱中对其所应当继承的遗产种类、数额等规定，继承被继承人遗产的一种继承方式。立遗嘱的人叫遗嘱人，根据遗嘱规定有权继承被继承人遗产的法定继承人叫遗嘱继承人。

一般来说,在立有遗嘱的情况下应当按照遗嘱继承的方式处理遗产,对遗嘱所涉及的遗产不再按法定继承的方式处理。在遗嘱继承中,遗嘱继承人所继承的遗产应当是遗嘱中所指定应由其继承的遗产,在种类、数额上都应与遗嘱的指定相符。当然,遗嘱继承人在按照遗嘱继承后,不影响其作为法定继承人继承其应得的法定继承份额。

遗嘱继承是基于遗嘱自由,从尊重和保护被继承人个人意愿出发,允许公民用遗嘱方式处理自己财产的一种遗产继承方式。遗嘱继承人的范围、继承遗产的种类和份额都由遗嘱人在遗嘱中指定。按照《继承法》规定,公民可以立遗嘱将个人财产指定由法定继承人中的一人或者数人继承。即可以作为遗嘱继承人的范围与法定继承人的范围是相同的,只是被继承人可以自由改变由法律规定作为法定继承人继承遗产时的顺序。

【法条依据】《中华人民共和国继承法》第16条。

问题116:继子女的继承权怎么确定?

答:继父母和继子女的关系,是由于父母一方死亡,另一方带子女再婚,或者父母离婚后另行再婚而形成的。继子女在现代社会十分常见,尤其在离婚率越来越高的当今社会,双方或一方再行结婚的情况也很普遍。

我国《婚姻法》第27条规定:"继父母与继子女之间,不得虐待或歧视。继父或继母和受其抚养教育的继子女间的权利和义务,适用本法对父母子女关系的有关规定。"《继承法》也规定形成了抚养关系的继子女可以作为第一顺位继承人继承遗产。即只要继父或继母与继子女形成了抚养教育关系,即可适用生子女与生父母的继承权利。但是，继父母与继子女之间并不是一定都产生抚养教育关系的，抚养教育关系的产生需要继父或继母具有抚养教育继子女的事实，承担了这一义务，他们之间才依法形成拟制的血亲关系，彼此间的权利义务才等同于亲生父母子女之间：如父母对子女有抚养教育的义务，子女对父母有赡养的义务，子女有继承父母财产的权利等等，并且这种权利义务不能自然终止。

但是，对于如何确定他们之间是否形成了抚养教育关系，《婚姻法》并没有作出具体的规定，所以，实践中对此认识也不尽相同。但是我们一般可以从以下几个方面来考虑是否形成抚养教育关系：①继父或继母有愿意抚养继子女的意思表示，并长期共同生活，负担继子女生活费、教育费的部分或全部；②继子女实际上受继父母经济上的供养；③继子女对继父母承担了主要的赡养义务；④继子女的生活费和教育费虽由生父或生母供给，但继父或继母对子女在生活上进行了照顾和教育的。

在现实生活中，继子女与继父母之间的关系大致有如下几种情况：①前妻或前夫的子女与继父或继母长期生活在一起，形成了事实上的扶养关系，继子女与继父母之间的权利、义务关系与生父母子女关系相同，互有继承权；②生父母再婚时，子女已长大成人，分居另过或者其生父母再婚后，继子女并未与继父或继母共同生活，而由祖父母或外祖父母扶养教育成人。继子女对继父或继母没有尽过什么赡养义务，没有形成扶养关系，彼此之间也就不存在继承权问题了；③继子女与继父母共同生活，但继子女的生活费用由其生父或生母供给一部分或全部；或者继父母对继子女尽了抚养、教育义务，而继子女未对继父母尽赡养义务。这种情况一般视为形成了扶养关系,但分配遗产时应根据情况适当减少其份额。

需要注意的是,形成抚养关系的继子女继承继父母的遗产,不妨碍其继承生父母的遗产。双方都有继承权。

【法条依据】《中华人民共和国继承法》第 10 条,《中华人民共和国婚姻法》第 27 条,《最高人民法院关于贯彻执行〈中华人民共和国继承法〉若干问题的意见》第 21 条。

问题 117:哪些情况会使继承人丧失继承权?

答:继承人有下列行为之一的,丧失继承权:

(1)故意杀害被继承人的。继承人杀害被继承人的,不论动机是否是争夺遗产,也不论是既遂还是未遂,只要是主观故意,都应确认该继承人丧失继承权。至于过失杀害被继承人的,则不能确认继承人丧失继承权。

(2)为争夺遗产而杀害其他继承人的。继承人杀害其他继承人的,只要主观上是故意,且具有争夺遗产的动机,则应确认该继承人丧失继承权,过失杀害其他继承人的,或不具有争夺遗产的动机,则不能确认该继承人丧失继承权。

(3)遗弃被继承人的,或者虐待被继承人情节严重的。继承人遗弃被继承人,或虐待被继承人情节严重的,才能确认该继承人丧失继承权,至于其遗弃或虐待行为是否构成犯罪,行为人应否承担刑事责任,则不需考虑。如果继承人因被继承人的过错而导致的继承人与被继承人分居或来往不密切的,以及继承人仅仅只是对被继承人不够尊敬、照顾不周及偶有口角发生的,则不应确认继承人丧失继承权。但是如果继承人虐待被继承人情节严重或遗弃被继承人的,在以后确有改悔表现，而且被继承人生前表示宽恕的，可以不确定其丧失继承权。

(4)伪造、篡改或者销毁遗嘱，情节严重的。伪造、篡改或销毁遗嘱，侵害了缺乏劳动能力又无生活来源的其他继承人的利益，并造成生活困难的，属于情节严重的行为，应确认其丧失继承权。

【法条依据】《中华人民共和国继承法》第 7 条，《最高人民法院关于贯彻执行〈中华人民共和国继承法〉若干问题的意见》第 11 条、第 13—14 条。

问题 118：如果父亲先于祖父死亡了，孙子可以继承祖父的遗产吗？

答：可以，这种情况属于代位继承，所谓代位继承，是指被继承人的子女先于被继承人死亡的，由被继承人的子女的晚辈直系血亲代位继承的继承方式。按照《继承法》及其司法解释规定，代位继承必须注意以下几点：

(1)代位继承人一般只能继承他的父亲或者母亲有权继承的遗产份额。这里有两点需要注意：一是代位继承人不受辈数的限制。作为被继承人的子女的晚辈直系血亲可以是子女(当然这个子女包括婚生子女和非婚生子女，养子女和已经形成抚养关系的继子女)，同时被继承人的孙子女、外孙子女、曾孙子女、外曾孙子女都可以代位继承。二是代位继承人只能继承其父亲或母亲有权继承的份额，即必须是父亲或者母亲没有丧失继承权的。如果被代位继承人丧失继承权的，其晚辈直系血亲不得代位继承。但是如该代位继承人缺乏劳动能力又没有生活来源，或对被继承人尽赡养义务较多的，也可适当考虑分给遗产。

(2)被代位继承人必须先于被继承人死亡,且死亡时间必须是继承开始前。如果代位继承人的父亲或者母亲是于继承开始后才死亡的,则适用转继承,转继承的问题请参考下一问题。

(3)代位继承人缺乏劳动能力又没有生活来源,或者对被继承人尽过主要赡养义务的,分配遗产时,可以多分。

【法条依据】《中华人民共和国继承法》第 11 条,《最高人民法院关于贯彻执行〈中华人民共和国继承法〉若干问题的意见》第 25 条、第 27—28 条。

问题 119:遗产继承开始后,遗产分割前其中一名继承人死亡的,应该怎么办?

答:这种情况可以由该继承人的法定继承人转继承。所谓转继承,是指继承人在继承开始后实际接受遗产前死亡,该继承人的法定继承人代其实际接受其有权继承的遗产。《最高人民法院关于贯彻执行〈中华人民共和国继承法〉若干问题的意见》第 52 条规定:"继承开始以后,继承人没有表示放弃继承,并于遗产分割前死亡的,其继承遗产的权利转移给他的合法继承人。"

按照以上规定,转继承需要注意以下几点:

(1)转继承权必须是继承人在继承开始以后,分割财产以前死亡方才产生。如果继承人先于被继承人死亡则为代位继承了(代为继承请参考上一问题)。

(2)转继承人的份额仅以已死亡的继承人的法定或遗嘱继承份额为限。

(3)如果已死亡的继承人在继承开始以后,财产分割前已明确表示放弃遗产继承了,那么就不存在转继承的问题。因为如果声明放弃了,那么他就没有继承份额了。

(4)转继承不仅存在于法定继承中,而且存在于遗嘱继承之中。即如果继承人继承的是遗嘱确定的份额,而遗嘱继承人在继承开始以后,财产分割以前死亡的,他的法定继承人同样可转继承遗嘱继承人的那份该继承的遗产份额。

【法条依据】《最高人民法院关于贯彻执行〈中华人民共和国继承法〉若干问题的意见》第 52 条。

问题 120:继承权受到侵犯后,向法院提起诉讼的时间有什么限制吗?

答:一般来说,继承权纠纷提起诉讼的期限为 2 年,自继承人知道或者应当知道其权利被侵犯之日起计算。但是,自继承开始之日起超过 20 年的,不得再提起诉讼。即如果当事人知道或者应当知道自己的继承受到侵害的话,从知道或者应当知道之日起 2 年内可以向人民法院提起诉讼,但是如果当事人一直不知道自己的继承权受到了侵害的,从继承开始之日起过了 20 年的,则不得再提起诉讼了。

另外需要注意的是,如果继承人从继承开始之日起的第 18 年后至第 20 年期间内,才知道自己的权利被侵犯的,其提起诉讼的权利,应当在继承开始之日起的 20 年之内行使,超过 20 年的,不得再行提起诉讼,即假如在第 19 年发现权利被侵害,那继承人只能在 1 年内提起诉讼,并且这个 1 年不能中断中止。因为 20 年是最长的保护时间,超过 20 年的将不再受到保护。当然如果在 20 年范围内的 2 年诉讼时效可以因以下情况而中止或者中断:在诉讼时效期间内,因不可抗拒的事由致继承人无法主张继承权利的,人民法院可按中止诉讼时效处理;继承人在知道自己的权利受到侵犯之日起的 2 年之内,其遗产继承权纠纷确在人民调解委员会进行调解期间,可按中止诉讼时效处理;继承人因遗产继承纠纷向人民法院提起诉讼,诉讼时效即为中断。

【法条依据】《中华人民共和国继承法》第 8 条,《最高人民法院关于贯彻执行〈中华人民共和国继承法〉若干问题的意见》第 15—18 条。

问题 121:公民可以立遗嘱将财产由全部继承人中的一人继承吗?

答:可以。按照《继承法》的规定,公民可以立遗嘱将个人财产指定由法定继承人的一人或者数人继承。

但是需要注意的是,遗嘱应当对缺乏劳动能力又没有生活来源的继承人保留必要的遗产份额。如果遗嘱人未保留缺乏劳动能力又没有生活来源的继承人的遗产份额的,在遗产处理时,应当为该继承人留下必要的遗产,所剩余的部分,才可参照遗嘱确定的分配原则处理。

继承人是否缺乏劳动能力又没有生活来源,应按遗嘱生效时即被继承人死亡时该继承人的具体情况确定。

【法条依据】《中华人民共和国继承法》第 16 条、第 19 条,《最高人民法院关于贯彻执行〈中华人民共和国继承法〉若干问题的意见》第 37 条。

问题 122:什么是遗赠? 遗赠与遗嘱继承有什么不同?

答:遗赠是公民以遗嘱方式将个人财产赠给国家、集体或者法定继承人以外的人，而于其死亡时发生法律效力的民事行为。立遗嘱的公民为遗赠人，接受遗赠的人为受遗赠人。

遗赠与遗嘱继承都是通过遗嘱方式处分财产，这两种方式在形式上有许多相似之处，但区别是明显的。根据我国《继承法》的规定，遗嘱继承与遗赠的主要区别主要体现在如下几个方面：

第一，遗嘱继承人与受遗赠人的范围不同。遗嘱继承人只能是法定继承人范围以内的人，而受遗赠人可以是法定继承人以外的公民，也可以是国家或集体单位。

第二，遗嘱继承人在继承开始后遗产分割前未明确表示放弃的，即视为继承。而受遗赠人在知道或应当知道受遗赠后两个月内未作出接受遗赠表示的，视为放弃，即丧失受遗赠权。

【法条依据】《中华人民共和国继承法》第16条。

问题123：遗嘱需要公证才能生效吗？

答：遗嘱公证，是指公证机关对遗嘱人立遗嘱的真实性和合法性予以证明。它要求遗嘱人必须在公证员面前订立遗嘱，然后由公证员对遗嘱的内容和遗嘱人的签名给予证明。

按照《继承法》规定，除了公证遗嘱形式外，遗嘱有自书遗嘱、代书遗嘱、录音形式立的遗嘱，甚至遗嘱人在危急情况下，可以立口头遗嘱。因此，遗嘱并不需要公证后才有效，只要遗嘱是立遗嘱人真实自愿的意思表示，且内容形式合法，该遗嘱就合法有效。

但一般来说，经过公证的遗嘱有如下好处：

(1)公证遗嘱是经过公证机关对遗嘱人立遗嘱的真实性和合法性给予证明的遗嘱，它的内容和形式都符合法律规定。

(2)遗嘱内容不易被篡改和伪造。

(3)有利于保证遗嘱效力的实现,保护遗嘱人和遗嘱受益人的合法权益,防止因遗嘱引起的继承纠纷的发生。

因为按照法律规定,遗嘱人以不同形式立有数份内容相抵触的遗嘱,其中有公证遗嘱的,以最后所立公证遗嘱为准;没有公证遗嘱的,以最后所立的遗嘱为准。

【法条依据】《中华人民共和国继承法》第17条,《最高人民法院关于贯彻执行〈中华人民共和国继承法〉若干问题的意见》第42条。

问题124:只要是公证过的遗嘱都有效吗?公证遗嘱是不是就不能被推翻?

答:公证遗嘱是所有的遗嘱形式中最具有效力的一种,《中华人民共和国继承法》第22条第3款规定:"自书、代书、录音、口头遗嘱,不得撤销、变更公证遗嘱。"

正因为公证的法律效力最为明显,因此对于公证遗嘱本身的要求也是严格的,并不是所有经过公证的遗嘱都是有效的,一份有效的公证遗嘱必须满足以下条件:

(1)公证遗嘱必须严格按法定程序办理:①申请。申请人须填写公证申请书,并出具身份证明、财产证明及其他有关证明;②审查。主要审查遗嘱人是否有完全的行为能力,遗嘱的内容是否合法,遗嘱人对遗嘱处分的财产是否享有处分权,遗嘱人的意思表示是否真实,等;③予以公证。

(2)公证必须到公证机关办理,一切单位领导、组织、街道、政府机关等开立的证明都不能称为公证。

(3)公证必须由遗嘱人亲自办理。由于立遗嘱是与人身关系密切相关的民事法律行为，就像结婚、离婚、收养等一样，是不能由亲属朋友或律师等代理办理的。如果遗嘱人确有病而无法出门或出门有困难的，可由他人代理去请公证员到遗嘱人的住所当面办理公证手续。

(4)遗嘱的审查必须严格依法而办理。

需要注意的是，即使按照合法程序经过合法有效的公证也并不能表示这份公证遗嘱就是不可被推翻的，因为公证只是将遗嘱的可信度提高了，但是如果有其他相反证据足以证明立遗嘱人为非完全行为能力人，或者遗嘱的内容违法，遗嘱人对遗嘱处分的财产不享有处分权或者遗嘱人的意思表示不真实等情况的，该公证遗嘱的效力也是无法被认可的。还有一点需要注意的是，按照法律规定如果立有数份遗嘱内容相抵触的，以最后的遗嘱为准，但自书、代书、录音、口头遗嘱，不得撤销、变更公证遗嘱。由此可以得出，公证遗嘱是可以撤销、变更的，即如果有两份内容相抵触的公证遗嘱，那么在后的公证遗嘱就可以把在前的公证遗嘱给推翻了。

【法条依据】《中华人民共和国继承法》第20条、第22条。

问题125：自己不会写字，遗嘱可以让别人代写吗？或者可以用录音形式立遗嘱吗？

答：按照《婚姻法》规定，遗嘱可以请他人代写，也可以以录音形式订立。但是请他人代写或录音形式有必须满足的一定的条件。

请他人代写的遗嘱应当有两个以上见证人在场见证，由其中一人代书，注明年、月、日，并由代书人、其他见证人和遗嘱人签名。

以录音形式立的遗嘱，应当有两个以上见证人在场见证。

同时需要注意，以下人员不能作为遗嘱的见证人：

(1)无行为能力人、限制行为能力人。

(2)继承人、受遗赠人。

(3)与继承人、受遗赠人有利害关系的人。“有利害关系的人”共有两类：一是继承人或受遗赠人的近亲属，包括配偶、子女、父母、兄弟姐妹、祖父母、外祖父母、孙子女、外孙子女以及其他共同生活的家庭成员。二是与继承人有民事债权和债务关系的人。如继承人、受遗赠人的债权人、债务人、共同经营的合伙人，也应当视为与继承人、受遗赠人有利害关系，不能作为遗嘱见证人。

【法条依据】《中华人民共和国继承法》第 17—18 条，《最高人民法院关于贯彻执行〈中华人民共和国继承法〉若干问题的意见》第 36 条。

问题 126：紧急情况下的口头遗嘱有法律效力吗？

答：口头遗嘱十分常见也最容易发生纠纷。为了减少口头遗嘱的纠纷，《中华人民共和国继承法》第 18 条第 5 款规定：“遗嘱人在危急情况下，可以立口头遗嘱，口头遗嘱应当有两个以上见证人在场见证。危急情况解除后，遗嘱人能够用书面或录音形式立遗嘱的，所立的口头遗嘱无效。”因此，口头遗嘱必须具备以下几个条件方才有法律效力：

(1)口头遗嘱只能在危急情况下“订立”。法律规定，只有在这种情况下立的口头遗嘱才有法律效力。

(2)若“危急情况解除”而立遗嘱人没有死亡的，口头遗嘱即失效。如果处在生命垂危中的立遗嘱人经抢救而恢复了采用其他方式立遗嘱的能力的，那么该口头遗嘱即视为无效，应另用其他的方式立下遗嘱。

（3）口头遗嘱必须有“两个以上证人在场见证”方为有效。并且以下人员不能作为遗嘱的见证人：一是无行为能力人、限制行为能力人；二是继承人、受遗赠人；三是与继承人、受遗赠人有利害关系的人。“有利害关系的人”共有两类：一类是继承人或受遗赠人的近亲属，包括配偶、子女、父母、兄弟姐妹、祖父母、外祖父母、孙子女、外孙子女以及其他共同生活的家庭成员；另一类是与继承人有民事债权和债务关系的人。如继承人、受遗赠人的债权人、债务人、共同经营的合伙人，也应当视为与继承人、受遗赠人有利害关系，不能作为遗嘱见证人。

【法条依据】《中华人民共和国继承法》第 17—18 条，《最高人民法院关于贯彻执行〈中华人民共和国继承法〉若干问题的意见》第 36 条。

问题 127：遗嘱可采用哪几种方式订立？

答：根据我国有关法律，遗嘱可采用如下几种方式订立：

（1）公证遗嘱。公证遗嘱即遗嘱人经公证机关办理的遗嘱。公证遗嘱的方式是最严格的遗嘱方式，能切实保障遗嘱人的意思表示的真实性，公证遗嘱也是处理遗嘱继承纠纷最可靠的证据。

（2）自书遗嘱。遗嘱人自己书写的遗嘱，称为自书遗嘱。即遗嘱人亲笔将自己的意思用文字表达出来。

（3）代书遗嘱。代书遗嘱是由他人代笔书写的遗赠。代书遗嘱通常是在遗嘱人不会写字或因病不能写字的情况下不得已而为之的。但为了保证代笔人书写的遗嘱确实是遗嘱人的真实意思，减少纠纷，应由两人以上的见证人在场见证，由其中一人代书，注明年、月、日，并由代书人、其他在场见证人和遗嘱人在代书遗嘱上签名。

(4)录音遗嘱。录音遗嘱是由录音机录制下来的遗嘱人口授的遗嘱。用录音遗嘱容易被伪造和剪辑，因此，法律规定以录音形式立的遗嘱，应当有两个以上见证人在场见证，以证明遗嘱的真实性。

(5)口头遗嘱。口头遗嘱是由遗嘱人口头表达并不以任何方式记载的遗嘱。口头遗嘱完全靠见证人表述证明，极其容易发生纠纷。因此，法律规定遗嘱人只能在危急的情况下才可以立口头遗嘱，并且必须有两个以上见证人在场见证。危急情况解除后，遗嘱人能够用书面或录音形式立遗嘱的，应当用书面形式或录音形式立遗嘱，所立口头遗嘱无效。

同时需要注意，以下人员不能作为遗嘱的见证人：①无行为能力人、限制行为能力人；②继承人、受遗赠人；③与继承人、受遗赠人有利害关系的人。“有利害关系的人”共有两类：一是继承人或受遗赠人的近亲属，包括配偶、子女、父母、兄弟姐妹、祖父母、外祖父母、孙子女、外孙子女以及其他共同生活的家庭成员；二是与继承人有民事债权和债务关系的人。如继承人、受遗赠人的债权人、债务人、共同经营的合伙人，也应当视为与继承人、受遗赠人有利害关系，不能作为遗嘱见证人。

【法条依据】《中华人民共和国继承法》第 17 条，《最高人民法院关于贯彻执行〈中华人民共和国继承法〉若干问题的意见》第 36 条。

问题 128:遗嘱订立后还可以撤销吗?如果有很多份遗嘱且内容不一致的,应当以哪份为准?

答:根据《继承法》的规定,遗嘱人可以撤销、变更自己所立的遗嘱。遗嘱的撤销或者变更可以以重新订立或直接销毁遗嘱的形式进行,但是需要注意的是,自书、代书、录音、口头遗嘱,不得撤销、变更公证遗嘱。同时,如果遗嘱人生前的行为与遗嘱的意思表示相反,而使遗嘱处分的财产在继承开始前灭失,部分灭失或所有权转移、部分转移的,遗嘱视为被撤销或部分被撤销。

如果发现立有数份遗嘱且内容相抵触的,一般以最后的遗嘱为准。

但是需要注意的是,当遗嘱人以不同形式立有数份内容相抵触的遗嘱,其中有公证遗嘱的,以最后所立公证遗嘱为准,只有在没有公证遗嘱的情况下,才以最后所立的遗嘱为准。

【法条依据】《中华人民共和国继承法》第 20 条,《最高人民法院关于贯彻执行〈中华人民共和国继承法〉若干问题的意见》第 39 条、第 42 条。

问题 129:遗嘱继承或者遗赠附有履行一定义务的要求,但是继承人或者受遗赠人没有正当理由不履行的,其他继承人可以请求取消该人接受遗产的权利吗?如果取消的话,这部分遗产该怎么处理?

答:可以。按照《继承法》规定,遗嘱继承或者遗赠附有义务的,继承人或者受遗赠人应当履行义务。没有正当理由不履行义务的,经有关单位或者个人请求,人民法院可以取消他接受遗产的权利。

需要注意的是，这里一般应当由受益人或其他继承人来请求，而取消接受遗产权利的范围应当仅限于遗嘱中附有履行义务的那部分遗产。因为遗嘱或遗赠中确定由该继承人或受遗赠人接受的财产也许有很多份，而只是其中的一部分附有义务，这种情况下，对没有附义务部分的接受权利是不能剥夺的。

当该附有义务的遗产接受权利取消后一般应当由提出请示的继承人或受益人负责按遗嘱人的意愿履行义务，接受遗产。

【法条依据】《中华人民共和国继承法》第 21 条，《最高人民法院关于贯彻执行〈中华人民共和国继承法〉若干问题的意见》第 43 条。

问题 130：遗嘱的有效条件是什么？

答：一份有效的遗嘱必须具备如下条件：

(1)遗嘱人必须要有完全民事行为能力。《最高人民法院关于贯彻执行〈中华人民共和国继承法〉若干问题的意见》第 41 条规定："遗嘱人立遗嘱时必须有行为能力。无民事行为能力的人所立的遗嘱，即使其本人后来有了行为能力，仍属无效遗嘱。遗嘱人立遗嘱时有行为能力，后来丧失了行为能力，不影响遗嘱的效力。"患有聋、哑、盲等生理缺陷而无精神病的成年人，他们是有完全行为能力的，因此他们也可以立遗嘱。

(2)遗嘱人所立的遗嘱必须是其真实意思表示。意思表示不真实具体体现在如下几种情况中：①胁迫遗嘱人所立的遗嘱；②欺骗遗嘱人所立的遗嘱；③被非遗嘱人假造的遗嘱；

④被篡改的遗嘱；⑤遗嘱人在神志不清的状态下所立的遗嘱。

(3)遗嘱人对遗嘱所处分的财产必须是有处分权的。在现实生活中，常见到丈夫立遗嘱不经妻子同意便处分了全部夫妻财产的情况。实际上，立遗嘱人对配偶一方的财产是没有遗嘱处分权的，即使在遗嘱中处分了也是无效的。

(4)遗嘱的内容必须合法。内容不合法的遗嘱主要有三种情况：①遗嘱取消了缺乏劳动能力又没有生活来源的继承人的继承权。②遗嘱没有为胎儿保留必要的继承份额。③遗嘱内容违反其他法律。

第五，遗嘱的形式必须合法。即可采用公证、自书、代书、录音、口头等形式。

【法条依据】《中华人民共和国继承法》第 22 条，《最高人民法院关于贯彻执行〈中华人民共和国继承法〉若干问题的意见》第 41 条。

问题 131：什么情况会导致遗嘱无效？

答：以下情况会导致遗嘱无效：

(1)无行为能力人或者限制行为能力人所立的遗嘱无效。(不满 6 周岁的儿童、精神病患者，可以认定其为无行为能力人。已满 6 周岁、不满 18 周岁的未成年人，应当认定其为限制行为能力人。)关于行为能力需要注意的是，行为能力必须是在遗嘱人立遗嘱时就具有的。无行为能力人所立的遗嘱，即使其本人后来有了行为能力，仍属无效遗嘱。但是遗嘱人立遗嘱时有行为能力，后来丧失了行为能力，不影响遗嘱的效力。

(2)受胁迫、欺骗所立的遗嘱无效。伪造的遗嘱无效。因为遗嘱是立遗嘱人的真实意思表示，如果受胁迫、欺骗，或者伪造的遗嘱,则都不是真实的意思表示。

(3)遗嘱被篡改的,篡改的内容无效。经篡改的内容也不是真实的意思表示。

(4)遗嘱人以遗嘱处分了属于国家、集体或他人所有的财产,遗嘱的这部分,应认定无效。

(5)继承人有《继承法》第7条第1项或第2项所列之行为,而被继承人以遗嘱将遗产指定由该继承人继承的,可确认遗嘱无效,并按《继承法》第7条的规定处理。(《继承法》第7条规定:继承人有下列行为之一的,丧失继承权:①故意杀害被继承人的;②为争夺遗产而杀害其他继承人的;③遗弃被继承人的,或者虐待被继承人情节严重的;④伪造、篡改或者销毁遗嘱,情节严重的。)即如果遗嘱继承人有故意杀害被继承人的或者为争夺遗产而杀害其他继承人的情形的,确认遗嘱中由该继承人继承的部分无效。

需要注意的是,《继承法》实施前订立的,形式上稍有欠缺的遗嘱,如内容合法,又有充分证据证明确为遗嘱人真实意思表示的,可以认定遗嘱有效。(注:《继承法》于1985年10月1日起实施)

【法条依据】《中华人民共和国继承法》第7条、第22条,《最高人民法院关于贯彻执行〈中华人民共和国继承法〉若干问题的意见》第7条、第12条、第35条、第38条、第41条。

问题132:遗嘱继承人是第一顺位继承人的,当他依照遗嘱继承遗产后还能要求按照法定继承的顺序继承剩余的遗产吗?

答:可以。遗嘱继承人依遗嘱取得遗产后,仍有权依《继承法》第 13 条的规定取得遗嘱未处分的遗产。《继承法》第 13 条规定：同一顺序继承人继承遗产的份额，一般应当均等；对生活有特殊困难的缺乏劳动能力的继承人，分配遗产时，应当予以照顾；对被继承人尽了主要扶养义务或者与被继承人共同生活的继承人，分配遗产时，可以多分；有扶养能力和有扶养条件的继承人，不尽扶养义务的，分配遗产时，应当不分或者少分；当然继承人协商同意的，也可以不均等。

【法条依据】《中华人民共和国继承法》第 13 条，《最高人民法院关于贯彻执行〈中华人民共和国继承法〉若干问题的意见》第 6 条。

问题 133：什么叫遗赠扶养协议？遗赠扶养协议可以和哪些人签订？

答：遗赠扶养协议，是指公民与扶养人、集体所有制组织订立的有关扶养、遗赠的协议。遗赠扶养协议规定，一方的生养死葬由另一方负责，另一方在对方死后有取得其遗产的权利。订约人一方是公民，另一方是扶养人或者集体所有制组织。

按照《继承法》规定，公民可以与扶养人签订遗赠扶养协议。按照协议，扶养人承担该公民生养死葬的义务，享有受遗赠的权利；公民也可以与集体所有制组织签订遗赠扶养协议。按照协议，集体所有制组织承担该公民生养死葬的义务，享有受遗赠的权利。

需要注意的是，这里所说的“扶养人”是指法定继承人以外的其他没有扶养义务的公民和集体所有制组织。为什么法定继承人不能签订遗赠扶养协议呢？这是因为我国《婚姻法》第 21 条第 1 款、第 3 款明确规定：“子女对父母有赡养扶助的义务。”“子女不履行赡养义务时，无劳动能力的或生活困难的父母，有要求子女付给赡养费的权利。”由于子女本来对父母就有法定的赡养义务，而且这种义务是无偿的，也是强制性的，是不能以继承财产为条件的。父母只能放弃而无权免除子女的赡养义务，子女也无权拒绝履行赡养父母的义务。

【法条依据】《中华人民共和国继承法》第 31 条。

问题 134：法定继承与遗嘱继承及遗赠扶养协议，哪个优先执行？

答：按照《继承法》规定，继承开始后，按照法定继承办理；有遗嘱的，按照遗嘱继承或者遗赠办理；有遗赠扶养协议的，按照协议办理。理解该条规定需要注意以下几点：

(1)即一般来说，遗赠扶养协议的效力最强，有遗赠扶养协议时执行遗赠扶养协议。但如果同时存在遗嘱和遗赠扶养协议的，而在继承开始后遗赠扶养协议与遗嘱没有抵触的，遗产可以分别按协议和遗嘱处理；如果有抵触，按遗赠扶养协议处理，与协议抵触的遗嘱全部或部分无效。

(2)没有遗赠扶养协议时遗嘱继承优先于法定继承。但在下列情况下，被继承人生前虽然立有遗嘱仍要按法定继承方式继承：①遗嘱继承人或受遗赠人放弃继承或先于立遗嘱人死亡；②遗嘱继承人丧失继承权；③遗嘱无效或者部分无效所涉及的相关财产；④遗嘱未处分的遗产。

(3)如果没有遗赠扶养协议也没遗嘱的话，则执行法定继承。

【法条依据】《中华人民共和国继承法》第 5 条、第 27 条，《最高人民法院关于贯彻执行〈中华人民共和国继承法〉若干问题的意见》第 5 条。

问题 135：继承人可以放弃继承吗？放弃后可以反悔吗？

答：财产继承权是公民的一项重要的民事权利，他既可以行使这种权利，以接受其应当继承的遗产，也可以放弃这一权利。放弃遗产又称放弃继承，或继承权的放弃。继承权的放弃发生在继承开始后、遗产分割以前，继承人以明示的方式不接受被继承遗产的意思表示。需要注意的是，继承人放弃继承的意思表示，应当在继承开始后、遗产分割前作出。遗产分割后表示放弃的不再是继承权，而是所有权。一般来说，继承人放弃继承应当以书面形式向其他继承人表示。当然用口头方式表示放弃继承，本人承认，或有其他充分证据证明的，也应当认定其有效。

继承权的放弃需要注意以下几个问题：

(1)放弃继承的意思表示人必须是具有完全行为能力的继承人，而且这种意思表示应由其本人亲自作出。无行为能力人和限制行为能力人的法定代理人不得代理无行为能力人或限制行为能力的继承人作出放弃遗产的意思表示。

(2)放弃遗产的继承人，将不再承担对被继承人依法应当缴纳税款和清偿债务义务的责任。

(3)放弃继承的效力，追溯到继承开始的时间。

(4)如果继承人是在诉讼中放弃继承权的，法院应当要制作笔录，由放弃继承的人签名。

放弃遗产可能带来的后果主要有这样几种：

(1)第一顺序数个继承人中的一个放弃遗产的，其应继承的遗产由第一顺序的其他继承人继承；

(2)第一顺序的继承人全部放弃遗产的，遗产由第二顺序的法定继承人继承；

(3)全部继承人放弃遗产的，遗产即成为无主财产；

(4)遗嘱继承人之一放弃遗产的，其应继承的遗产按法定继承的方式处理。

关于放弃继承能否反悔的问题，一般来说继承人一旦作出放弃遗产的意思表示，就意味着该继承人永远失去了对特定被继承人遗产的继承权，不能再予以撤销变更了。但按照法律规定，在遗产处理前或在诉讼进行中继承人对放弃继承反悔，可以由人民法院根据其提出的具体理由，决定是否承认。但需要注意的是，在遗产处理后，继承人对放弃继承反悔的，绝对是不予承认的，因为在遗产处理后，该遗产就不再是遗产，而是其他合法继承人的合法财产。

【法条依据】《中华人民共和国继承法》第25条第1款，《最高人民法院关于贯彻执行〈中华人民共和国继承法〉若干问题的意见》第47条、第49—51条。

问题136：胎儿可以继承遗产吗？具体怎么操作？

答：根据《继承法》规定，遗产分割时，应当保留胎儿的继承份额。即胎儿一般是可以继承的，在胎儿没有出生前应当将其应得的份额保留起来。如果应当为胎儿保留的遗产份额没有保留的，应从继承人所继承的遗产中扣回。

但是胎儿能否继承到遗产要看出生后的情况：

如果胎儿出生时是死体的，保留的份额按照法定继承办理，即由被继承人的继承人来继承为胎儿保留的遗产份额。

如果胎儿出生后死亡的，由其继承人继承。因为如果胎儿出生后先是存活的，则其合法继承了为其保留的份额，该遗产即成为该出生婴儿的财产，而其之后死亡的，该财产就成为了婴儿的遗产，理应由其继承人继承。

【法条依据】《中华人民共和国继承法》第28条，《最高人民法院关于贯彻执行〈中华人民共和国继承法〉若干问题的意见》第45条。

问题137：共有所有人之一死亡时，如何继承？如夫妻中一人死亡的。

答：共有关系在实际生活中有这样一些具体表现形式：

(1)夫妻共有，即在夫妻关系存续期间所得的财产为夫妻共有财产。

(2)家庭共有，即家庭成员基于家庭共同生活关系经共同劳动而形成的家庭财产共有关系。

(3)共同购置而形成的财产共有关系，即两个或两个以上的公民共同出资而购买某项财产而形成的共有关系。

(4)因合伙经营通过签订合伙合同，共同投资而形成的财产共有关系。

(5)共同投资举办企业而形成的企业共有关系，一般表现为按股份额的多少而按份额享有权利和承担义务，根据我国私营企业的规定，公民个人可以投资兴办有限责任公司形式的企业。

(6)因继承而形成的财产共有关系。在前述这些具体的共有关系中，夫妻共有和家庭共有一般是共同共有，后几种共有系一般是按份共有。

当共有关系中共有人之一死亡时，继承开始的一个关键问题就是确定遗产的范围。共有关系中的继承主要有以下情况：

夫妻在婚姻关系存续期间所得的共同所有财产，除另有约定的以外，如果分割遗产，应当先将共同所有的财产的一半分出为配偶所有，其余的为被继承人的遗产。遗产在家庭共有财产之中的，遗产分割时，应当先分出他人的财产。

对于共同购置的财产，共有人之一死亡时，应当按照出资比例或共有人之间的约定，将应属于其他共有人的财产从共同购置的财产中分离出去，剩余部分才是被继承人的遗产，由其继承人继承。

对于通过合伙合同而形成的共有关系，在共有人之一死亡时，一般应结束这种合伙关系，被继承人原来的投资及应分得的利润、积累应从合伙事业的全部财产中分离出来，由被继承人的继承人继承。

对于共同投资举办有限责任公司和股份有限公司而形成的企业共有关系，股东之一死亡时，被继承人的股权可由其继承人继承，也可将其股份出卖，将所得的财产作为遗产用于继承。

【法条依据】《中华人民共和国继承法》第 26 条。

问题 138：遗嘱生效后，应当如何执行？

答：遗嘱自遗嘱人死亡之日起生效。遗嘱的执行，是指遗嘱人死亡后，由特定人按照遗嘱人在有效遗嘱中表示的愿望而最终实现遗产的转移。

遗嘱一般由遗嘱继承人执行。遗嘱人可以在遗嘱中指定继承人的一人或数人执行遗嘱；如果遗嘱人没有指定执行人，则全体继承人以平等的地位参加遗嘱的执行。

遗嘱执行人必须是有完全民事行为能力的公民。遗嘱执行人的职责是:①掌握遗嘱内容;②清理遗产,编制遗产清册;③管理遗产,其管理费用,可在遗产中扣除,或由继承人支付;④分割遗产,在清偿被继承人所欠税款和债务后或明确继承人分担被继承人的债务后,按遗嘱所指定的份额或数额,将遗产交付继承人和受遗赠人。

问题 139:什么是遗产管理人?

答:我国《继承法》第 24 条规定:“存在遗产的人,应当妥善保管遗产,任何人不得侵吞或争抢。”这表明,凡存在遗产的人,都是遗产保管人,都负有妥善保管遗产的责任。

被继承人死后,虽然有继承人,但继承人不明或均不在遗产所在地或全部继承人放弃或丧失继承权,这时的遗产就处于无人管理的状态,实际情况表明,由死者生前所在单位或者遗产所在地的基层组织负责保管比较妥当。

遗产管理人的职责范围主要包括以下几个方面。第一,清点遗产,制作遗产清单。遗产管理人对于由其管理或应由其管理的遗产应当进行清点,并登记造册、制作遗产清单。这样做的好处在于:便于遗产管理,防止遗产散失;便于计算遗产的价值及清算移交遗产;便于继承人或利害关系人随时查阅。第二,为保存遗产,可以对遗产采取必要的措施。遗产管理人在管理遗产时,如认为不采取必要的处分措施不足以保护遗产的,可以采取必要的措施,包括为保存遗产而采取的诸如变卖、修缮等;对被继承人紧急债务和税款的清偿;继续进行必要的营业行为等。第三,公告及通知遗产管理人有权也有职责公告、通告或个别通知继承人、受遗赠人、死者生前的债权人，以使他们能够继承或者接受遗赠的遗产或能够获得债权的实现。

【法条依据】《中华人民共和国继承法》第 24 条。

问题 140：怎样清偿被继承人的债务？

答：被继承人死亡时所遗留下来的个人财产，它包括财产的权利和财产义务（即债务）两个方面。当继承人表示接受遗产时，就意味着他不仅取得了被继承人生前所享有的财产权利，而且同时又承担了被继承人生前所负担的财产义务。这即保护了被继承人和债权人的应有利益，还保护了继承人应享有的继承财产的权利，从而体现了我国社会主义法制的要求。

但是，如果遗产中的债务超过了全部资产的价值，继承人对被继承人的债务该如何偿还？这是一个很实际的问题。《继承法》规定了继承人继承被继承人遗产时，应承担清偿被继承人生前依法应当缴纳的税款和债务的义务。继承人对被继承人生前所欠债务的清偿责任，以实际取得的遗产为限，超过遗产价值的部分可不清偿。因为《继承法》确定的是限定继承的原则。当然，继承人自愿偿还的，法律不予干预。如果被继承人债务较多，应首先用遗产清偿被继承人生前所欠债务，然后继承人再按份额分割遗产。如果遗产价值远远超过债务时，可先分割遗产，再按继承人所得遗产比例清偿被继承人的债务。如果继承人放弃继承的，对被继承人的债务则不负清偿责任。如果继承人因放弃继承权而不履行法定义务的，该放弃继承权的行为无效。

【法条依据】《中华人民共和国继承法》第 33 条。

第六章　民事诉讼

问题 141：什么是民事诉讼？

答：民事诉讼，就是我们通常所说的“打官司”，根据诉讼所要解决的案件性质不同，诉讼可分为民事诉讼、行政诉讼和刑事诉讼三种。凡因财产关系和人身关系所产生的矛盾，就是民事纠纷，如继承、房屋、损害赔偿、离婚、赡养、子女抚养以及各类经济合同纠纷等等。人民法院在诉讼参与人的参加下，依照法定程序，审理民事纠纷的活动，以及通过这些活动所形成的各种诉讼法律关系的总和，称为民事诉讼。这里所说的诉讼参与人，包括原告、被告、共同诉讼人和第三人，还包括代理人、证人、鉴定人和翻译人员。这里的活动，既包括人民法院的活动，如受理案件、调查取证、审理案件、作出判决等，也包括诉讼参与人的活动，如原告起诉、被告应诉、证人出庭作证等。这里所说的诉讼法律关系，是指人民法院和一切诉讼参与人之间，依法在诉讼过程中所形成的诉讼上的权利义务关系。

民事诉讼具有严格的阶段性，大体上可以分三个阶段：第一审程序为第一阶段，第二审程序为第二阶段，执行程序为第三阶段。

问题 142：原告应如何起诉？

答：原告因与他人产生纠纷需要向法院起诉时，应当向人民法院递交书面起诉状，起诉状必须用钢笔书写或者打印，递交给人民法院的立案部门，递交起诉状时，应按照被告人数提出起诉状副本。如果被告为一人,应提交两份起诉状;如果被告是两人,应提交三份起诉状,以此类推。起诉状副本可用钢笔书写或者打印,也可复印。

如果原告书写起诉状确有困难的,也可以口头起诉,由人民法院记入笔录,并告知对方当事人。书写起诉状确有困难的,包括原告本人不能书写起诉状,或者委托他人代写起诉状确有困难的。

起诉必须符合以下条件:①原告是与本案有直接利害关系的公民、法人和其他组织;②有明确的被告;③有具体的诉讼请求和事实、理由;④属于人民法院受理民事诉讼的范围和受诉人民法院管辖。

注:原告的起诉状的内容和格式可参考附录民事诉状。

【法条依据】《中华人民共和国民事诉讼法》第108—109条,《最高人民法院关于适用简易程序审理民事案件的若干规定》第4条。

问题143:起诉一般应当向哪里的法院提起?

答:按照法律的规定,民事案件的地域管辖主要有以下情况:

(1)一般情况下,对公民提起的民事诉讼,由被告住所地人民法院管辖;被告住所地与经常居住地不一致的,由经常居住地人民法院管辖。对法人或者其他组织提起的民事诉讼,由被告住所地人民法院管辖。同一诉讼的几个被告住所地、经常居住地在两个以上人民法院辖区的,各该人民法院都有管辖权。

(公民的住所地是指公民的户籍所在地,法人的住所地是指法人的主要营业地或者主要办事机构所在地。

公民的经常居住地是指公民离开住所地至起诉时已连续居住一年以上的地方。但公民住院就医的地方除外。)

(2)下列民事诉讼,由原告住所地人民法院管辖;原告住所地与经常居住地不一致的,由原告经常居住地人民法院管辖:①对不在中华人民共和国领域内居住的人提起的有关身份关系的诉讼;②对下落不明或者宣告失踪的人提起的有关身份关系的诉讼(如离婚纠纷);③对被劳动教养的人提起的诉讼;④对被监禁的人提起的诉讼。

【法条依据】《中华人民共和国民事诉讼法》第22—23条。

问题144:当事人如何交纳诉讼费用?

答:当事人进行民事诉讼要交纳诉讼费用。诉讼费用是当事人向人民法院交纳的因进行民事诉讼所需的费用。诉讼费用包括案件受理费和其他诉讼所需的费用。案件受理费,是人民法院决定受理起诉或者上诉时,原告或者上诉人应根据一定数额或一定比例向人民法院预交的诉讼费用。具体收费见注。

非财产案件的当事人除应交纳复制庭审材料和法律文书的费用外,一般不负担其他诉讼费用。财产案件的当事人,除交纳案件受理费外,还要交纳下述诉讼费用:①勘验、鉴定、公告、翻译(当地通用的民族语言、文字除外)费。这些费用根据国家有关部门的收费标准计算交纳。②证人、鉴定人、翻译人员在人民法院决定日期出庭的交通费、住宿费、生活费和误工补贴费。这些费用也应按国家的有关规定计算交纳,不能按实际支出计算交纳。人民法院审判人员出差的交通费、住宿费、生活费和出差补贴不应由当事人负担。③当事人依法复制本案庭审材料和法律文书的，按实际成本收费。④财产保全的申请费以及因财产保全措施而实际支出的费用等。

注：根据2007年4月1日施行的《人民法院诉讼费用交纳办法》制作的诉讼费用速算表。

<table>
<tr><td rowspan="10">财产案件</td><td colspan="2">不满1万元</td><td>50元</td></tr>
<tr><td colspan="2">1万－10万元</td><td>*2.5％－200</td></tr>
<tr><td colspan="2">10万－20万元</td><td>*2％＋300</td></tr>
<tr><td colspan="2">20万－50万元</td><td>*1.5％＋1300</td></tr>
<tr><td colspan="2">50万－100万元</td><td>*1％＋3800</td></tr>
<tr><td colspan="2">100万－200万元</td><td>*0.9％＋4800</td></tr>
<tr><td colspan="2">200万－500万元</td><td>*0.8％＋6800</td></tr>
<tr><td colspan="2">500万－1000万元</td><td>*0.7％＋11800</td></tr>
<tr><td colspan="2">1000万－2000万元</td><td>*0.6％＋21800</td></tr>
<tr><td colspan="2">2000万元以上</td><td>*0.5％＋41800</td></tr>
<tr><td rowspan="6">非财产案件</td><td rowspan="2">离婚</td><td>不满20万元</td><td>50元－300元
（法院一般按照300元收取）</td></tr>
<tr><td>20万元以上</td><td>*0.5％－700
（20万元以下的按300元收）</td></tr>
<tr><td rowspan="3">人格权</td><td>不满5万元</td><td>100－500元</td></tr>
<tr><td>5万－10万元</td><td>*1％（5万元以下的按500元收）</td></tr>
<tr><td>10万元以上</td><td>*0.5％＋500</td></tr>
<tr><td colspan="3">每件交纳50－100元</td></tr>
<tr><td>知识产权</td><td colspan="3">每件交纳500－1000元，有财产争议的按财产案件标准交纳</td></tr>
<tr><td>劳动</td><td colspan="3">每件交纳10元</td></tr>
<tr><td rowspan="2">行政案件</td><td colspan="2">商标、专利、海事案件</td><td>每件交纳100元</td></tr>
<tr><td colspan="2">其他</td><td>每件交纳50元</td></tr>
</table>

续表

破产案件	按破产财产总额,依照财产案件收费标准减半交纳,但不超过30万元(不预收)	
支付令	按照一般财产型民商事案件的1/3标准交纳	
管辖权	每件按照50—100元预交	
公示催告	每件按照100元交纳	
执行案件	不满1万元	50元
	1万—50万元	*1.5%—100
	50万—500万元	*1%+2400
	500万—1000万元	*0.5%+27400
	1000万元以上	*0.1%+67400
	承认和执行外国法院判决、裁定以及国外仲裁机构裁决的	50—500元
	无执行金额或价款的	50—500元
	《民事诉讼法》第55条第4款规定,未参加登记的权利人起诉的,按上述标准交纳申请费。	
保全案件	不满1000元	30元
	1000—10万元	*1%+20
	10万元以上	*0.5%+520,不超过5000元
申请撤销仲裁裁决或认定仲裁协议效力		每件交纳400元

问题145:诉讼费用由谁负担?

答:诉讼费用分为案件受理费和其他诉讼费用。这两种诉讼费用的负担不尽相同,根据现行的《人民法院诉讼费用交纳办法》,案件受理费由败诉的当事人负担,双方都有责任的由双方分担。共同诉讼当事人败诉,由人民法院根据他们各自对诉讼标的利害关系,决定各自应负担的金额。第二审人民法院对第一审人民法院的裁判作了改变的，除了应当明确当事人对第二审诉讼费用的负担外，还应当相应地变更第一审人民法院对诉讼费用负担的决定，第二审人民法院判决驳回上诉，维持原判的案件，无论上诉人是一审中的胜诉方还是败诉方，上诉案件的受理费均由上诉人负担，双方都提出上诉的，由双方分担。经人民法院调解达成协议的案件，诉讼费用的负担，由双方当事人协商解决；协商不成的，由人民法院决定。其他诉讼费用，一般由要求进行该项诉讼行为的人负担。例如，鉴定费以及鉴定人在人民法院决定日期出庭的交通费、住宿费等由要求进行鉴定的当事人负担。

【法条依据】《诉讼费用交纳办法》第13—14条。

问题146：什么叫法定代理人？哪些人可以做法定代理人？

答：法定代理人是法律规定其有职责代理无民事诉讼行为能力的当事人进行诉讼的人。在民事诉讼中，有诉讼行为能力的当事人可以亲自进行有效的诉讼活动，而无诉讼行为能力的当事人不能亲自进行有效的诉讼活动，由于无民事诉讼行为能力的人没有民事行为能力，不能有效地委托诉讼代理人，因此需要法律规定的代理人为其进行诉讼。无民事诉讼行为能力的人包括无民事行为能力人和限制行为能力人，主要是指未成年人（10周岁以下的是无民事行为能力人，10周岁至18周岁为限制民事行为能力）和无（限制）民事行为能力精神病人。

在诉讼中，无民事行为能力人、限制民事行为能力人的监护人是他的法定代理人。如果法定代理人之间互相推诿代理责任的，由人民法院指定其中一人代为诉讼。无(限制)行为能力人的监护人主要有以下情况：

(1)未成年人的父母是未成年人的监护人。未成年人的父母已经死亡或者没有监护能力的，由下列人员中有监护能力的人担任监护人：祖父母、外祖父母；兄、姐；关系密切的其他亲属、朋友愿意承担监护责任，经未成年人的父、母的所在单位或者未成年人住所地的居民委员会、村民委员会同意的。对担任监护人有争议的，由未成年人的父、母的所在单位或者未成年人住所地的居民委员会、村民委员会在近亲属中指定。对指定不服提起诉讼的，由人民法院裁决。

没有第1款、第2款规定的监护人的，由未成年人的父、母的所在单位或者未成年人住所地的居民委员会、村民委员会或者民政部门担任监护人。

(2)无民事行为能力或者限制民事行为能力的精神病人，由下列人员担任监护人：配偶；父母；成年子女；其他近亲属；关系密切的其他亲属、朋友愿意承担监护责任，经精神病人的所在单位或者住所地的居民委员会、村民委员会同意的。对担任监护人有争议的，由精神病人的所在单位或者住所地的居民委员会、村民委员会在近亲属中指定。对指定不服提起诉讼的，由人民法院裁决。

没有第1款规定的监护人的，由精神病人的所在单位或者住所地的居民委员会、村民委员会或者民政部门担任监护人。

如果法定代理人之间互相推诿代理责任的，由人民法院指定其中一人代为诉讼。

【法条依据】《中华人民共和国民事诉讼法》第 57 条，《中华人民共和国民法通则》第 16—17 条。

问题 147：民事诉讼可以委托他人代理吗？哪些人可以受委托代理当事人进行诉讼？

答：按照法律规定，当事人、法定代理人可以委托一至二人作为诉讼代理人。律师、当事人的近亲属、有关的社会团体或者所在单位推荐的人、经人民法院许可的其他公民，都可以被委托为诉讼代理人。

当然，委托他人代为诉讼，必须向人民法院提交由委托人签名或者盖章的授权委托书。授权委托书必须记明委托事项和权限。诉讼代理人代为承认、放弃、变更诉讼请求，进行和解，提起反诉或者上诉，必须有委托人的特别授权，否则为一般的代理权限。并且诉讼代理人的权限如果变更或者解除，当事人应当书面告知人民法院，并由人民法院通知对方当事人。

需要注意的是，离婚案件有诉讼代理人的，本人除不能表达意志的以外，仍应出庭；确因特殊情况无法出庭的，必须向人民法院提交书面意见。

【法条依据】《中华人民共和国民事诉讼法》第 58—60 条、第 62 条。

问题 148：什么是财产保全？

答：人民法院在诉前或诉讼中，为了保护当事人的合法权益能够实现，保证将来发生法律效力的法律文书能顺利执行，而对争议的标的物或有关财产采取一种限制处分的临时性法律保护措施，叫财产保全。财产保全可分为诉讼保全和诉前保全两种。

诉讼保全，是指从诉讼开始之后至作出判决、裁定、调解之前，人民法院所进行的财产保全。根据民事诉讼法的规定，人民法院对于可能因当事人一方的行为或者其他原因，使判决不能执行或者难以执行的案件，可以根据对方当事人的申请，作出财产保全的裁定；当事人没有提出申请的，人民法院在必要时也可以裁定采取财产保全措施。一般来说，对于财产保全措施，申请人应提供担保，否则可能会被驳回申请。保全申请有错误的，申请人应当赔偿被申请人因财产保全所遭受的损失。人民法院接受申请后，对情况紧急的，必须在 48 小时内作出裁定；裁定采取财产保全措施的，应当立即开始执行。

诉前保全，是指人民法院在诉讼开始之前对有关财产进行的财产保全。根据法律规定，利害关系人因情况紧急，不立即申请财产保全将会使其合法权益受到难以弥补的损害的，可以在起诉前向人民法院申请采取财产保全措施。即诉前保全只能由当事人申请，法院不可依职权采取诉前保全。对于诉前保全，申请人必须提供担保，不提供担保的，驳回申请。人民法院接受申请后，必须在 48 小时内作出裁定；裁定采取财产保全措施的，应当立即开始执行。

需要注意的是，申请人在人民法院采取保全措施后 15 日内不起诉的，人民法院应当解除财产保全。

【法条依据】《中华人民共和国民事诉讼法》第 92—93 条、第 96 条。

问题 149：为什么财产保全申请人要提供担保？

答：根据民事诉讼法的规定，对诉讼保全的申请人，人民法院可以责令其担保（如法院未责令担保，也可以不担保）；对诉前保全的申请人，民诉法规定其应当提供担保。我们知道，申请财产保全的目的是确保被申请人将来能履行裁判，不使自己的合法权益受到损失。但是，申请人要正确行使这项诉讼权利，不得滥用，以免给被申请人造成不必要的损失。在申请人败诉的情况下，证明申请人的申请有错误的，申请人应当赔偿被申请人因财产保全所遭受的损失。因此，民诉法规定财产保全的申请人应依法为人民法院的命令提供担保，否则，驳回申请。申请人提供担保的，提供担保的数额应相当于请求保全的数额。

【法条依据】《中华人民共和国民事诉讼法》第 96 条，《最高人民法院关于适用〈中华人民共和国民事诉讼法〉若干问题的意见》第 98 条。

问题 150：什么叫证据保全？

答：证据保全是指在证据可能灭失或者以后难以取得的情况下，诉讼参加人向人民法院申请，或者人民法院主动采取保全措施对证据进行保全的诉讼制度。证据保全必须具备下列条件：①证据若不及时收集或者固定，有可能自然灭失、人为毁灭或者以后难以取得；②必须由诉讼参加人申请或者由人民法院依职权主动开始。

在一般情况下，证据保全应由诉讼参加人申请。当然，在没有诉讼参加人申请的情况下，如果人民法院认为有必要，也可以主动进行证据保全。诉讼参加人（包括原告、被告、共同诉讼人、第三人、诉讼代理人、法定代表人）必须在起诉的同时或者起诉之后提出证据保全申请书。申请书应当写明下列事项：①申请保全证据的理由；②申请保全的证据的名称、所在地等;③该证据能证明的案件事实。

如果当事人在起诉前需要保全证据的,可以向公证机关提出申请,由公证机关采取相应的证据保全措施,这是公证机关的一项业务。

【法条依据】《中华人民共和国民事诉讼法》第74条。

问题151:什么人可以作证人?

答:证人,是指了解案件事实并受人民法院传唤作证的人。证人就了解案件事实向人民法院作出的陈述,是证人证言。根据民事诉讼法的规定,结合民事审判实践,除下列人不能作证人外,其他人均可以作证人:①证人必须是自然人,因此,法人和其他组织不能作证人,它们所提供的证据可能成为书证、物证、视听资料,但绝不可能成为证人证言;②不能正确表达意志的人不能作证人;③本案的诉讼代理人、法定代表人、诉讼中的代表人不能兼作本案的证人。同样,本案的审判人员、鉴定人、勘验人、翻译人员也不能兼作本案的证人。除上述人不能作证人外,凡知道案件事实的人,都可以作为证人,无论他们性别、国籍、职务、宗教、信仰、民族、种族、政治状况、文化程度、经历等状况如何。

证人在诉讼中享有下列诉讼权利:①用本民族语言、文字提供证言的权利;②对自己的证言笔录,有权阅读,若发现有错误或者遗漏,有权进行更正或者补充;③因作证而遭侮辱、诽谤、殴打或者其他方法被打击报复时,有权要求人民法院给予法律保护;④有权要求人民法院给予因法庭要求出庭作证所支出的费用和受到的损失,如误工工资、误工补贴、差旅费等;⑤有权改变自己已作的书面证言和口头证言的内容。

在享有上述诉讼权利的同时，证人应承担下列诉讼义务：①如实作证的义务。否则，人民法院可对其适用强制措施。②如实回答审判人员、当事人、诉讼代理人和法定代表人就他所作的证人证言提出的问题。③遵守法庭秩序的义务。

问题 152：如何承担举证责任？

答：根据我国民事诉讼法规定，举证责任由提出诉讼主张的当事人负担，即当事人对自己提出的主张，有责任提供证据加以证明。根据举证责任由提出主张的当事人负担的精神，第一，原告对自己提出的诉讼请求以及上诉人对自己提出的上诉请求有责任提供证据加以证明；第二，被告或者被上诉人对自己提出的反驳和反诉请求，有责任提供证据加以证明。如果当事人的主张是属于下列事实，当事人不负举证责任：①众所周知的事实；②为对方当事人所承认的事实；③根据法律规定或者已知事实，必然能推断出的事实；④已为人民法院发生法律的裁判所确认的事实；⑤经公证证明的事实。

【法条依据】《中华人民共和国民事诉讼法》第 64 条。

问题 153：什么叫撤诉？

答：撤诉包括撤回起诉、反诉和撤回上诉。撤诉是当事人的一项民事诉讼权利。

在一审程序中，从人民法院立案起至宣告判决前的任何阶段，当事人都有权用书面或者口头方式申请撤回起诉或者反诉。申请提出后，是否准许撤诉，则由人民法院决定。对于因规避法律而撤诉，或者撤诉可能损害国家、集体或者他人利益的，人民法院有权不予批准。

在二审程序中，从上诉人提交上诉状起至宣告判决之前，上诉人有权申请撤回上诉。是否准许,由第二审人民裁定。遇有下列情形,一般不宜准许撤回上诉:①第二审人民法院经过审查,认为原审人民法院的判决或者裁定确有错误,应当予以纠正的;②第二审人民法院经过审查,认为原审人民法院违反诉讼程序,可能影响案件的公正裁判,应当发回原审人民法院重审的;③第二审人民法院认为如果同意撤回上诉,势必侵犯被上诉人的合法利益的;④双方当事人在上诉期内都提起上诉,为了维护双方当事人的诉讼权利,一方当事人撤回上诉的,不应准许。

对于准许撤回上诉的,当事人一般不得再行上诉。但是,如果还未过上诉期,当事人仍有上诉的权利。

根据民事诉讼法的规定,在下列情况下可以按撤诉处理:①原告(包括上诉人,下同)经传票传唤,无正当理由拒不到庭的,或者未经法庭许可中途退庭的,可以按撤诉处理。②原告是无民事诉讼行为能力的人,应由其法定代理人代为出庭。因此,如果法定代理人经传票传唤,无正当理由拒不到庭,或者未经法庭许可中途退庭,又不委托代理人的,也可按撤诉处理。③被告经传票传唤,无正当理由拒不到庭,或者未经法庭许可中途退庭,而又提起反诉的,对反诉可按撤诉处理,对本诉可进行缺席判决。④原告应当预交而未预交案件受理费,人民法院应当通知其预交,通知后仍不预交或者申请减、缓、免未获人民法院批准而仍不预交的,裁定按自动撤诉处理。按撤回起诉或者反诉处理的,当事人可再行起诉;按撤回上诉处理的,当事人不得再行上诉。

【法条依据】《中华人民共和国民事诉讼法》第 156 条,《最高人民法院关于适用〈中华人民共和国民事诉讼法〉若干问题的意见》第 143 条。

问题154:如何进入执行程序?

答:申请执行,是指公民、法人或者其他组织向人民法院提出申请,要求人民法院对生效的法律文书采取强制执行措施,以实现自己的民事权益。按照民事诉讼法规定,发生法律效力的民事判决、裁定,调解书或其他应当由人民法院执行的法律文书,当事人必须履行。一方拒绝履行的,对方当事人可以向人民法院申请执行。

申请执行应当提交书面申请书,并附有执行根据,无论采取什么方式申请,都必须同时符合下列条件,人民法院才能受理:①有可以作为执行根据的法律文书,且已经发生法律效力;②申请人应当是法律文书确定的享有民事实体权利的人或者其诉讼代理人;③义务人不按法律文书确定的期限全部履行义务;④必须在申请执行期限内提出申请;⑤必须向有管辖权的人民法院提出申请。人民法院受理申请后,申请人应按规定交纳申请执行费和执行中的其他费用。

【法条依据】《中华人民共和国民事诉讼法》第212条。

问题155:申请人应当什么时候提出强制执行申请?

答:为了促使当事人尽快实施申请执行的权利,加速民事流转,法律规定了当事人申请执行的期限。当事人可以在法定的期限内向有管辖权的人民法院申请执行。逾期申请的,人民法院不受理。

申请执行的期间为2年。申请执行时效的中止、中断,适用法律有关诉讼时效中止、中断的规定。2年时间从法律文书规定履行期间的最后一日起计算;法律文书规定分期履行的,从规定的每次履行期间的最后一日起计算;法律文书未规定履行期间的，从法律文书生效之日起计算。

【法条依据】《中华人民共和国民事诉讼法》第215条。

问题156：什么是诉讼时效？

答：诉讼时效是指民事权利受到侵害的权利人在法定的时效期间内不行使权利，当时效期间届满时，即丧失了请求人民法院依诉讼程序强制义务人履行义务之权利的制度。需要明确的是，当事人丧失的只是胜诉权，而不是起诉权。即，即使过了诉讼时效，也是可以起诉的。并且按照法律规定，在诉讼中，如果当事人未提出诉讼时效抗辩，人民法院不应对诉讼时效问题进行释明及主动适用诉讼时效的规定进行裁判。即如果对方当事人不抗辩的话，也是有可能胜诉的。并且超过诉讼时效期间，当事人自愿履行的，也不受诉讼时效限制。

一般来说，当事人向人民法院请求保护民事权利的诉讼时效期间为2年，法律另有规定的除外。如下列的诉讼时效期间为1年：①身体受到伤害要求赔偿的；②出售质量不合格的商品未声明的；③延付或者拒付租金的；④寄存财物被丢失或者损毁的。

诉讼时效期间从知道或者应当知道权利被侵害时起计算。但是，从权利被侵害之日起超过20年的，人民法院不予保护。有特殊情况的，人民法院可以延长诉讼时效期间。这里需要注意的是，如果2年诉讼时效期间，权利人自权利被侵害时起的第18年后至第20年期间才知道自己的权利被侵害的，或者1年诉讼时效期间，权利人自权利被侵害时起的第19年后至第20年期间才知道自己的权利被侵害的，提起诉讼请求的权利，应当在权利被侵害之日起的 20 年内行使；超过 20 年的，不予保护。

【法条依据】《中华人民共和国民法通则》第 35－38 条，《最高人民法院关于审理民事案件适用诉讼时效制度若干问题的规定》第 3 条，《最高人民法院关于贯彻执行〈中华人民共和国民法通则〉若干问题的意见(试行)》第 167 条。

问题 157：诉讼时效是固定的吗？什么情况下诉讼时效可以重新计算？

答：这个问题涉及诉讼时效的中止和中断。

诉讼时效中止是指在诉讼时效进行期间，因发生法定事由阻碍权利人行使请求权，诉讼依法暂时停止进行，并在法定事由消失之日起继续进行的情况，又称为时效的暂停。根据法律规定，在诉讼时效期间的最后 6 个月内，因不可抗力或者其他障碍不能行使请求权的，诉讼时效中止，诉讼时效从中止时效的原因消除之日起继续计算。诉讼时效期间的最后 6 个月内，权利被侵害的无民事行为能力人、限制民事行为能力人没有法定代理人，或者法定代理人死亡、丧失代理权，或者法定代理人本人丧失行为能力的，可以认定为因其他障碍不能行使请求权，适用诉讼时效中止。

诉讼时效中断是指已开始的诉讼时效因发生法定事由不再进行，并使已经经过的时效期间丧失效力。根据法律规定，诉讼时效因一方提起诉讼、提出要求或者同意履行义务而中断。从中断时起，诉讼时效期间重新计算。诉讼时效因权利人主张权利或者义务人同意履行义务而中断后，权利人在新的诉讼时效期间内，再次主张权利或者义务人再次同意履行义务的，可以认定为诉讼时效再次中断。权利人向债务保证人、债务人的代理人或者财产代管人主张权利的，可以认定诉讼时效中断。权利人向人民调解委员会或者有关单位提出保护民事权利的请求，从提出请求时起，诉讼时效中断。经调处达不成协议的，诉讼时效期间即重新起算；如调处达成协议，义务人未按协议所定期限履行义务的，诉讼时效期间应从期限届满时重新起算。

需要注意的是，法律规定的“20 年”诉讼时效期间，不适用中止、中断的规定。

【法条依据】《中华人民共和国民法通则》第 139－140 条，《最高人民法院关于贯彻执行〈中华人民共和国民法通则〉若干问题的意见（试行）》第 172－175 条。

附录：主要民事诉讼文书格式及范文

一、民事起诉状

（一）格式

【格式一】

民事起诉状

（公民提起诉讼用）

原告：姓名，性别，年龄，民族，文化程度，职务，工作单位，住址，电话等基本情况。（当事人栏，注明自然情况。自然人要列出姓名、性别、年龄、民族、工作单位、住址。法人或其他组织要列出名称、住所地，法定代表人或负责人姓名、职务。填写要准确，特别是姓名（名称）栏不能有任何错字，地址要尽量详实，具体到门牌号，最好注明邮编及通讯方式。以下涉及

当事人栏的同此要求）

法定代理人（或委托代理人、指定代理人）：姓名，性别，年龄，民族，籍贯，文化程度，职业或职务，单位或住址，与原告关系（如果委托律师代理诉讼，不需写律师基本情况，只写："委托代理人：姓名，某律师事务所律师"）。

被告：姓名，性别，年龄，民族，文化程度，职务，工作单位，住址，电话等基本情况。

第三人：姓名，性别，年龄，民族，文化程度，职务，工作单位，住址，电话等基本情况。

诉讼请求：

1. ……；2. ……；3. ……（主要写明请求解决争议的权益和争议的事务。写明请求人民法院依法解决原告一方要求的有关民事权益争议的具体事项。）

事实与理由：

……（写明案件基本情况及诉讼理由）

此致

＿＿＿＿＿＿人民法院

（具状人）起诉人：（必须要由本人签字）

年　月　日

附：本诉状副本＿＿＿份

【格式二】

民事起诉状

（法人或其他组织提起民事诉讼用）

原告名称：

住所地：

法定代表人（或主要负责人）姓名，职务，电话。

企业性质，工商登记核准号，经营范围和方式。

委托代理人：姓名，某律师事务所律师

被告名称：

住所地：

法定代表人（或主要负责人）姓名，职务，电话。

第三人：姓名，性别，年龄，民族，文化程度，职务，工作单位，住址，电话等基本情况。

诉讼请求：

1. ……；2. ……；3. ……（主要写明请求解决争议的权益和争议的事务。写明请求人民法院依法解决原告一方要求的有关民事权益争议的具体事项。）

事实与理由：

……（写明案件基本情况及诉讼理由）

此致

＿＿＿＿＿＿人民法院

（具状人）起诉人：（由法定代表人或负责人签字并加盖单位公章。）

年　月　日

附：本诉状副本＿＿份

（二）范文

民事起诉状

原告：×××，女，汉族，某年某月某日生，住某市某区某路某号某房，电话：……

被告：×××，男，汉族，某年某月某日生，住某市某区某路某号某房，电话：……

诉讼请求：

一、请求判决原告与被告离婚；

二、婚生儿子×××由原告抚养，被告一次性支付抚养费×万元给原告(从　年　月起至　年　月止，按每月×元计)；

三、某市某区某路某号某房所有权归原告所有，其他财产依法分割(见清单)。

事实和理由：

我于×年×月经人介绍与被告认识，见过一面后，在父亲之令、媒妁之言的撮合下，于同年×月×日到某镇人民政府领取结婚证。×年×月×日生下儿子××。由于婚前双方缺乏了解，感情基础薄弱，双方学识、生活环境和生活习惯不同，尤其是被告有非常严重的大男子主义、性格暴躁，对原告经常恶言恶语。婚后不到两年，被告更是寻找借口在外租房另居，长年不回家。自此以后，我与被告便过上牛郎织女式的分居生活。结婚这么多年以来，我们没有正常的夫妻生活，我没有体会到夫妻之间的互相照顾，也没有体会到夫妻之间的关爱和家庭的幸福。其实我所希望的只是家庭的一点点温暖。但是，累了，只有自己默默承受；苦了，无人知晓；病了，自己照顾自己；受了委屈，没人可以倾诉和理解。照料儿子，都是我一个人单独承受。

在分居期间，被告也极少过问本人的情况，偶尔回家对我也是漠不关心，彼此积怨，没有沟通，致夫妻感情日益淡薄。更令人伤心的是，被告在外还沾花惹草，与他人有不正当的男女关系，没有尽到夫妻之间应有的忠实义务，严重伤害了夫妻感情。由于无法忍受这种没有感情、没有温暖的夫妻生活，我曾于×年×月提出协议离婚，双方虽然均认为没有和好可能，但被告却不同意离婚。而经实践证明，夫妻双方分居多年，性格不合，更因被告不履行夫妻之间互相忠实、互相尊重的义务，致使夫妻感情完全破裂、毫无和好可能。没有感情和关怀的婚姻是不道德的婚姻，因原、被告双方没有感情基础，且分居多年，再继续共同生活下去已没有意义，因而理当结束这段婚姻。为此，原告根据相关法律的规定向你院提起诉讼，请你院依法判决。

此致

某市某区人民法院

具状人：×××

年　月　日

二、民事撤诉状

民事撤诉申请

申请人：

申请人因××一案，于×年×月×日向你院提起起诉，业经你院立案受理。现因××(写明撤诉的原因)特此申请撤回起诉，请予核准。

此致

____________人民法院

申请人：(签名或盖章)

年　月　日

三、强制执行申请书

强制执行申请书

申请人：姓名、性别、出生年月、民族、文化程度、工作单位、职业、住址，电话号码。(申请人如为单位，应写明单位名称、法定代表人姓名及职务、单位地址。)

被申请人：姓名、性别、出生年月、民族、文化程度、工作单位、职业、住址。（被申请人如为单位，应写明单位名称、法定代表人姓名及职务、单位地址。）

请求事项：（写明申请人民法院强制执行的标的。）

强制执行的依据：

原被告因×××一案，业经×××人民法院于×年×月×日作出×字第×号一审（或终审）民事判决（裁定或调解书），被申请人拒不遵照判决（或裁决）履行。为此，特申请你院给予强制执行。

此致

__________人民法院

申请人：（签名或盖章）

年　月　日

四、申请法院调查取证申请书

申请法院调查取证申请书

申请人：姓名，性别，年龄，民族，籍贯，工作单位，现在住址，联系方式。

请求事项：你院受理的我与××一案，因××原因，依据《最高人民法院关于民事诉讼证据的若干规定》第十七条的规定，特申请你院向被调查人（姓名、单位名称、住所等基本情况）调查收集××（证据名称、内容），以上证据可以证明的事实为×××××。请予准许。

此致

__________人民法院

申请人：（签名或盖章）

年　月　日

第二篇　刑事法律问答

问题 158:受到治安管理处罚和受到刑事处罚有何区别?

答:这个问题实质上可以分为两个小问题:即何种行为受到治安管理处罚,何种行为受到刑事处罚?治安管理处罚和刑事处罚的措施有何不同?下面我们将分别回答这两个问题。

第一,何种行为受到治安管理处罚,何种行为受到刑事处罚?

这个问题是一个实践的问题,因为每一个违法行为在刑罚和行政处罚之间都有一条具体的界限,如果要一般的谈论这个问题我们只能说社会危害较重的行为一般是刑事犯罪,会受到刑事处罚,社会危害较轻的违法行为一般只受到治安管理处罚。但这种说法显然对于读者的意义不大,因此我们在后面列举一些常见的罪名的起刑点,供读者参考。所谓起刑点就是犯罪的临界点,超过该界限即为犯罪,否则往往是应当受到治安管理处罚的行为,如盗窃罪的起刑点为 2000 元,即盗窃价值超过 2000 元即应当被追究刑事责任,反之则应受到治安管理处罚。

1. 盗窃罪。根据最高法院解释,盗窃罪的起刑点为 500 到 2000 元之间。具体数额最高法院授权各省自行决定。以下附2008年部分省市盗窃罪起刑点一览表。

地区		起刑点	备注
北京市		1000元	
上海市		2000元	
浙江省		2000元	
安徽省		1000元	
广东省	一类地区	2000元	深圳、珠海、汕头、东莞、中山市
	二类地区	1500元	惠州、江门、湛江、茂名、肇庆、潮州、揭阳、汕尾市
	三类地区	1000元	广州、佛山、河源、云浮、阳江、清远、梅州、韶关市
四川省	城市	1000元	
	农村	700元	
海南省	城市	1000元	
	农村	800元	

2. 交通肇事罪。交通肇事罪是一个过失犯罪，因此它是以造成的后果来衡量是否需要受刑事惩罚的。根据最高法院解释，以下几种情况构成交通肇事罪，否则不构成犯罪；符合治安管理处罚条件的，给予相应行政处罚。

(1)死亡一人或者重伤三人以上，负事故全部或者主要责任的；

(2)死亡三人以上，负事故同等责任的；

(3)造成公共财产或者他人财产直接损失，负事故全部或者主要责任，无能力赔偿数额在30万元以上的。

(4)交通肇事致一人以上重伤,负事故全部或者主要责任,并具有以下情节之一的:

①酒后、吸食毒品后驾驶机动车辆或无驾驶资格驾驶机动车辆的;

②明知是安全装置不全或者安全机件失灵的机动车辆而驾驶的;

③明知是无牌证或者已报废的机动车辆而驾驶的;

④严重超载驾驶的;

⑤为逃避法律追究逃离事故现场的。

这里必须要解释的是事故的所谓主要责任、同等责任等概念。这些概念是法律上的概念,一般交警在处理交通事故过程中出具交通事故责任认定书中会使用这些概念确定责任,而之后的法院审理一般也会沿用交警对责任的认定。我们认为读者大致可以这样理解这些概念:所谓全部或主要责任是指交通肇事者对事故的发生负有过错且受害人没有过错或者过错很小。如某人酒后驾车在人行横道上撞人,往往会被认定为全部或主要责任。所谓同等责任,是指交通肇事者对事故的发生负有过错且受害人也同样具有过错的。比如受害人横穿马路时未走人行横道,被超速行驶的肇事者撞伤,此时肇事者往往会被认定为同等责任。

3. 故意伤害罪。故意伤害罪的起刑点是致人轻伤。而是否构成轻伤一般由相关医疗单位鉴定。具体鉴定标准较为复杂,可以参见最高人民法院、最高人民检察院及公安部联合发布的《人体轻伤鉴定标准》。

4. 诈骗罪。根据最高人民法院相关司法解释,起刑点为诈骗金额 2000 元,超过 2000 元的即可追究刑事责任。

需要指出的是并非每一个罪名都有起刑点，有些罪的只要实施并不要求后果即可以追究刑事责任。

第二，治安管理处罚和刑罚的措施有何不同？

治安管理处罚和刑罚措施的不同主要体现在其轻重程度上，总体上说治安管理处罚措施较轻而刑罚较重，以下是治安管理处罚和刑罚的具体措施类型：

1. 治安管理处罚的种类主要有以下几种类型：

(1)警告即对违法者作出口头或者书面的警告，并通报相应单位。

(2)罚款，罚款视违法程度的不同而不同，但对于个人的罚款一般不会超过5000元。

(3)行政拘留，拘留是对违法程度较重的人员进行的人身强制，行政拘留的日期视违法程度的不同，但最长不得超过15日，行政拘留处罚合并执行的，最长不超过20日。

(4)吊销公安机关发放的许可证。这里需要注意的是治安管理处罚仅仅能够吊销公安机关发放的许可证，如该许可证并非是公安机关发放的，则公安机关无权吊销，如营业执照等。公安机关发放的许可证典型的如机动车辆驾驶执照。

2. 刑法的适用对象为构成犯罪的危害行为，其情节较重，属司法机构管辖。刑罚的类型主要有以下几种：

(1)管制。所谓管制，是指对犯罪者不实行关押，交由公安机关管束和人民群众监督，限制其一定自由的刑罚方法。这种限制一般包括未经执行机关批准，不得行使言论、出版、集会、结社、游行、示威自由的权利；按照执行机关规定报告自己的活动情况；遵守执行机关关于会客的规定；离开所居住的市、县或者迁居，应当报经执行机关批准。刑法明文规定对于受到管制的犯罪者应当同工同酬。

(2)拘役。所谓拘役就是一种短期自由刑。拘役的刑期最短不少于1个月,最长不超过6个月。一般采取就近强制劳动的方式。

(3)有期徒刑、无期徒刑。这两种刑罚均为自由刑,即剥夺犯罪者的人身自由,实行强制劳动改造的刑罚方法。不同的是前者必须附有期限而后者则没有期限。但无期徒刑并非完全没有出狱的机会,只要在狱中好好改造,无期徒刑可以减为有期徒刑。根据最高法院相关解释,无期徒刑罪犯在执行期间,如果确有悔改表现的,或者有立功表现的,服刑2年以后,可以减刑。减刑幅度为:对确有悔改表现的,或者有立功表现的,一般可以减为18年以上20年以下有期徒刑;对有重大立功表现的,可以减为13年以上18年以下有期徒刑。但被判无期徒刑的犯罪者无论怎样减刑,实际执行的刑期不能少于10年。

(4)死刑。死刑是剥夺犯罪者生命的刑罚,考虑到这种刑罚的不可逆性和残酷性,除了死刑立即执行外,我国还设置了死刑缓期执行的死刑执行方式。死刑缓期执行,是指对于应当判处死刑的犯罪者,如果不是必须立即执行的,可以判处死刑同时宣告缓期2年执行,只要犯罪者没有故意犯罪,2年期满以后,减为无期徒刑;如果确有重大立功表现,2年期满以后,减为15年以上20年以下有期徒刑。对于被判死刑缓期执行的犯罪者无论怎样减刑,实际执行的刑期不得少于14年(含缓期执行的两年)。这里要注意的是在犯罪者两年考验期内,只要没有故意犯罪即必须减为无期徒刑以下刑罚,哪怕犯罪者在两年内过失犯罪或者表现恶劣,只要未构成故意犯罪,死刑就不能再继续执行。

以上四种为主刑，而以下三种为附加刑，附加刑和主刑的区别是，附加刑可以和主刑并处如判处有期徒刑 10 年并处没收财产，但是两个主刑不能并处如判处有期徒刑 10 年，管制 1 年即不合法，但附加刑可以单处，如判处罚金 1 万元。

(5)罚金。罚金是人民法院判处犯罪人向国家缴纳一定数额金钱的刑罚方法。它与罚款的区别在于罚金是刑罚方法而罚款只是行政处罚。对于一般读者而言这种区别的意义在于，被单处罚款仅仅是被行政处罚。而被单处罚金则意味着“被判刑了”。另外，在裁量上罚金往往较罚款更重，根据相关司法解释，对于成年人的罚金不得少于 1000 元。

(6)剥夺政治权利。剥夺政治权利，是指剥夺犯罪人参加管理国家和政治活动的权利的刑罚方根据《刑法》第 54 条规定，剥夺政治权利是剥夺下列权利：一是选举权与被选举权；二是言论、出版、集会、结社、游行、示威自由的权利；三是担任国家机关职务的权利；四是担任国有公司、企业、事业单位和人民团体领导职务的权利。剥夺政治权利不是只剥夺上述权利的一部分，而是同时剥夺上述四项权利。被剥夺政治权利的犯罪人，在执行期间，应当遵守法律、行政法规和国务院公安部门有关监督管理的规定，服从监督；不得行使上述四项权利。剥夺政治权利作为一种附加刑罚刑期期限的计算较为复杂，根据主刑的不同，有以下三种方法：①判处死刑(含缓期 2 年执行)、无期徒刑的终身剥夺政治权利期限的计算从判决生效时计算；②判处管制附加剥夺政治权利的，从主刑管制判决生效之日起与管制同时计算，刑法规定，管制的刑期，从管制判决生效之日计算，刑法又规定，判处管制附加剥夺政治权利的，剥夺政治权利的期限与管制的期限相等，同时执行。③判处拘役、有期徒刑剥夺政治权利、判处死刑缓期 2 年执行期限届满和判处无期徒刑减刑后剥夺政治权利的期限，从主刑执行期限届满或者自假释之日起计算。

【法条依据】《中华人民共和国刑法》第 33－34 条、第 38－39 条、第 41－45 条、第 48 条、第 52 条、第 54－55 条、第 58 条、第 133 条、第 234 条、第 264 条、第 266 条，《中华人民共和国治安管理处罚法》第 10 条，《最高人民法院、最高人民检察院、公安部关于盗窃罪数额认定标准问题的规定》，《最高人民法院关于审理交通肇事刑事案件具体应用法律若干问题的解释》第 2 条，《人体轻伤鉴定标准》，《最高人民法院关于审理诈骗案件具体应用法律的若干问题的解释》。

问题 159：精神病患者或小孩犯罪，不用负刑事责任吗？

答：不可一概而论。总体而言对于自己的行为没有识别能力的人不负刑事责任，有多少识别能力负多少刑事责任。具体说：

（1）对于精神病人在不能辨认或者不能控制自己行为的时候造成危害结果，经法定程序鉴定确认的，不负刑事责任。间歇性的精神病人在精神正常的时候犯罪，应当负刑事责任。尚未完全丧失辨认或者控制自己行为能力的精神病人犯罪的，应当负刑事责任，但是可以从轻或者减轻处罚。需要注意的是虽然醉酒后犯罪不能作为减轻或者免除刑事责任的理由，但刑法界通说认为病理性醉酒属于精神病的一种，可以依照精神病人犯罪的规定减轻或者免除刑事责任。

（2）对于未成年人。未满 14 周岁的未成年人犯罪不负刑事责任。已满 14 周岁不满 16 周岁的人,犯故意杀人、故意伤害致人重伤或者死亡、强奸、抢劫、贩卖毒品、放火、爆炸、投毒罪的,应当负刑事责任。对于列举以外的犯罪,不负刑事责任。满 16 周岁的未成年人对于所有犯罪负刑事责任。但是对于已满 14 周岁不满 18 周岁的人犯罪需要负刑事责任的,应当从轻或者减轻处罚。

【法条依据】《中华人民共和国刑法》第 17—18 条。

问题 160:别人违法攻击自己,可以反击吗?

答:这个问题涉及正当防卫。只要符合正当防卫的条件,任何人遭到非法的侵害后都可以反击,将侵害人击伤甚至击毙而不负刑事责任。根据相关法律的规定,正当防卫的条件如下:

(1)防卫保护的利益必须是合法利益,为了保护违法利益的行为不能构成正当防卫,如为了保护赃款不被抢走杀死同伙。

(2)必须有不法侵害行为发生。所谓"不法侵害",是指对某种权利或利益的侵害为法律所明文禁止,既包括犯罪行为,也包括其违法的侵害行为。

(3)必须是正在进行的不法侵害。正当防卫的目的是为了制止不法侵害,避免危害结果发生,因此,不法侵害必须是正在进行的,而不是尚未开始,或者已实施完毕,或者实施者确已自动停止。换而言之,在侵害结束以后出于报复目的攻击侵害人,是不能视为正当防卫的。

(4)必须是针对不法侵害者本人实行。即正当防卫行为不能对没有实施不法侵害行为的第三者(包括不法侵害者的家属）造成损害。

（5）不能明显超过必要限度造成重大损害，即正当防卫应以足以制止不法侵害为限。不能过度防卫，比如为了防卫一个手持木棒的老者而将其杀死，即属于防卫过当。但根据刑法的相关规定也存在防卫过当的例外情况，即对正在进行行凶、杀人、抢劫、强奸、绑架以及其他严重危及人身安全的暴力犯罪，采取防卫行为，无论造成何种后果（如致侵害人死亡）都不视为防卫过当。

【法条依据】《中华人民共和国刑法》第20条。

问题161：犯罪没有成功或主动放弃犯罪，也要被判刑吗？

答：我国的大多数故意犯罪，都具有预备、未遂和中止的形态，因此纵然犯罪没有成功或者放弃犯罪的，仍然要负一定的刑事责任，但视情况可以或应当从轻或减轻处罚。

（1）犯罪没有着手实施，但做了一定现实的准备，但由于外部原因而最后未能实施，如其准备被发现后遭到制止。这种情况在法律上叫做"犯罪预备"。对于这种情况法律的规定是"可以比照既遂犯从轻、减轻处罚或者免除处罚"，即法官有权对其比照既遂犯从轻、减轻处罚或者免除处罚，但也可以视其情节而不这么做。这里的所谓既遂犯就是说假如犯罪已经实施成功，犯罪者应当被判的罪名和刑罚。

（2）犯罪行为本身已经实施了，但由于犯罪者自身以外的原因没有成功，比如犯罪过程中被人制止。这种情况叫做"犯罪未遂"。法律对此的规定是"可以比照既遂犯从轻、减轻处罚"，即法官有权对其比照既遂犯从轻、减轻处罚，但无权免除处罚，这点和犯罪预备有所不同。但法官也有权不从轻、减轻处罚。

(3)在犯罪过程中，如果犯罪者自己放弃了犯罪或者主动制止犯罪结果的发生，在法律上称为“犯罪中止”。对于这种情况法律的规定是“没有造成损害的，应当免除处罚；造成损害的，应当减轻处罚”，即没有造成损害的，法官必须免除对其的处罚，造成损害的法官也必须比照既遂犯减轻对其的处罚。

【法条依据】《中华人民共和国刑法》第 22—24 条。

问题 162：多次犯罪会被加重处罚吗？

答：两次犯罪的确有被法院从重处罚的可能性。但必须是第一次犯罪被处以有期徒刑以上的刑罚，在刑罚执行完毕或者赦免以后 5 年以内再犯应当判处有期徒刑以上刑罚的罪，即要从重处罚。但必须注意的是这里前后两个罪都是故意犯罪，过失犯罪不会因此被从重处罚。如某人犯强奸罪入狱 10 年，刑满释放后 2 年内又犯盗窃罪，此时对于该盗窃罪就应当从重处罚。但如果某人犯交通肇事罪入狱 3 年，刑满后 2 年同样犯盗窃罪就不会被从重处罚，因为交通肇事罪是过失犯罪。另外，危害国家安全罪的犯罪者不受上述 5 年的限制，即其刑满后任何时候再犯危害国家安全罪即从重处罚。

【法条依据】《中华人民共和国刑法》第 65 条。

问题 163：如果犯罪了，如何才能争取宽大处理？

答：如果犯罪了，应当尽快向有关部门自首，以争取宽大处理。法律对于自首的规定是：“可以从轻或者减轻处罚。其中，犯罪较轻的，可以免除处罚。”即法官有权对自首的犯罪者从轻或者减轻处罚，对于犯罪较轻的犯罪者免除处罚。

另外，如果犯罪者能够向有关部门如实检举其他人的犯罪行为，也是争取宽大处理的一条法律途径。法律上称此为“立功”。法律对于立功的规定是：“可以从轻或者减轻处罚；有重大立功表现的，可以减轻或者免除处罚。”即法官有权对立功的犯罪者从轻或者减轻处罚，对于重大立功表现的法官有权减轻或者免除处罚。根据相关司法解释，所谓重大立功，是指以下所揭发的犯罪嫌疑人、被告人可能被判处无期徒刑以上刑罚或者案件在本省、自治区、直辖市或者全国范围内有较大影响等情形。

【法条依据】《中华人民共和国刑法》第 68 条，《最高人民法院关于处理自首和立功具体应用法律若干问题的解释》第 7 条。

问题 164：具体要如何才能成立自首呢？

答：首先最基本的要件是向公安机关投案。但一般而言，向其所在单位、城乡基层组织或者其他有关负责人员投案的或者因病、伤或者为了减轻犯罪后果，委托他人先代为投案，或者先以信电投案的，都视为投案。

另外，以下几种情况也被视为自动投案：

(1)罪行尚未被司法机关发觉，仅因形迹可疑，被有关组织或者司法机关盘问、教育后，主动交代自己的罪行的。

(2)犯罪后逃跑，在被通缉、追捕过程中，主动投案的或者经查实确已准备去投案，或者正在投案途中，被公安机关捕获的。

(3)并非出于犯罪嫌疑人主动，而是经亲友规劝、陪同投案的。

(4)公安机关通知犯罪嫌疑人的亲友,或者亲友主动报案后,将犯罪嫌疑人送去投案的。

但并非投案了就一定能成立自首,被抓获归案也并非一定不能成立自首。一般来说,投案以后必须如实供述自己的罪行,共同犯罪案件中的犯罪嫌疑人,除如实供述自己的罪行,还应当供述所知的同案犯,主犯则应当供述所知其他同案犯的共同犯罪事实。如果仅仅是投案,但是对于自己的罪行遮遮掩掩,或对同案犯的罪行不如实供述,是不能成立自首的。同时自动投案并如实供述自己的罪行后又翻供的,不能认定为自首。反之,被公安机关抓获归案的犯罪者如果能够如实供述公安机关没有掌握的罪行也可以成立自首。

自首的对象,一般以公安机关为宜。但原则上公安局、检察院、法院都有义务接受公民的自首,因此可以向以上任何一家单位自首。

【法条依据】《最高人民法院关于处理自首和立功具体应用法律若干问题的解释》第 1—2 条。

问题 165:几十年前犯的罪,一直没被发现,是否现在还会被追究呢?

答:一般来说,如果采取了逃避侦查或者审判的手段或者应当立案没有立案追查的,无论过了多久只要被发现都会被相关机关追诉。但如果并没有上面的情况,过了相应的一段时间后没有犯罪,原罪即不再予以追究了。具体说:

(1)法定最高刑为不满 5 年有期徒刑的,经过 5 年;

(2)法定最高刑为 5 年以上不满 10 年有期徒刑的,经过

10年；

(3)法定最高刑为10年以上有期徒刑的，经过15年；

(4)法定最高刑为无期徒刑、死刑的，经过20年。

如果20年以后认为必须追诉的，须报请最高人民检察院核准。

必须注意的是，如果在追述期内又犯罪的追诉期将重新计算。

【法条依据】《中华人民共和国刑法》第87条。

问题166：如何才能获得减刑？

答：对于一般的犯罪者而言只要认真遵守监规，接受教育改造，确有悔改表现的都能获得一定程度的减刑。但要获得相对更大幅度的减刑就要有一定的突出表现。具体说有以下几点：①阻止他人重大犯罪活动的；②检举监狱内外重大犯罪活动，经查证属实的；③有发明创造或者重大技术革新的；④在日常生产、生活中舍己救人的；⑤在抗御自然灾害或者排除重大事故中，有突出表现的；⑥对国家和社会有其他重大贡献的。

必须注意的是减刑也有一定间隔的要求，即不能过于频繁的减刑，具体规则如下：被判处5年以上有期徒刑的罪犯，一般在执行一年半以上方可减刑；两次减刑之间一般应当间隔1年以上。被判处10年以上有期徒刑的罪犯，一次减2年至3年有期徒刑之后，再减刑时，其间隔时间一般不得少于2年。被判处不满5年有期徒刑的罪犯，可以比照上述规定，适当缩短起始和间隔时间。但如果有前面提到的六种突出表现，可以不受上述减刑起始和间隔时间的限制。

另外，无论如何减刑以后实际执行的刑期，判处管制、拘役、有期徒刑的，不能少于原判刑期的1/2；判处无期徒刑的，不能少于10年。

【法条依据】《中华人民共和国刑法》第78条，《最高人民法院关于办理减刑、假释案件具体应用法律若干问题的规定》第3条。

问题167：服刑期间如果因为怀孕或重病，生活不能自理怎么办？

答：可以向监狱申请暂予监外执行。暂予监外执行是指对被判处有期徒刑或者拘役的罪犯，具有法律规定的某种特殊情况，不适宜在监狱或者拘役所等场所执行刑罚，暂时采取不予关押的一种变通执行方法。

根据相关法律的规定，即必须具备下列条件之一：①罪犯有严重疾病需保外就医。对于适用保外就医可能有社会危险性的罪犯，或者自伤自残的罪犯不得保外就医。对于罪犯确有严重疾病，必须保外就医的，由省级人民政府指定的医院开具证明文件，依照法律规定的程序审批。发现被保外就医的罪犯不符合保外就医条件的，或者严重违反有关保外就医规定的，应当及时收监执行。②罪犯怀孕或者正在哺乳自己的婴儿，哺乳期限按婴儿出生后一年计算。③罪犯生活不能自理，适用暂予监外执行不致危害社会。暂予监外执行情形消失后，罪犯刑期未满的，应当及时收监。

问题168：哪些情形不适用死刑？

答：我国的刑事政策历来主张不废除死刑，但必须坚持少杀，严禁乱杀。因此，对死刑的适用作了严格限制，在下列两种情况下均不适用死刑：

(1)犯罪时不满18周岁的未成年人。未成年人由于其生理和心理发育尚未成熟，社会阅历、社会经验也有限，规定对不满18周岁的未成年人不适用死刑，包括不适用死刑缓期2年执行。

(2)出于人道主义考虑，对于在审判的时候怀孕的妇女，不适用死刑。“审判的时候怀孕的妇女”，是指在人民法院审判的时候，被告人是怀孕的妇女，也包括审判前在羁押受审时已是怀孕的妇女。因此，对于犯罪的怀孕妇女，在她被羁押或者受审期间，无论其怀孕是否属于违反国家计划生育政策，也不论其是否自然流产或者经人工流产，以及流产后移送起诉或审判期间的长短，都应视同审判时怀孕的妇女，不能适用死刑。

【法条依据】《中华人民共和国刑法》第49条。

问题169：酒后驾车撞死人一定会被判重刑吗？

答：不一定。酒后驾车撞死人实际上涉及两个罪名：一是以危险方法危害公共安全罪。一旦成立这个罪名又有撞死人的情节比如要被判处10年以上有期徒刑、无期徒刑或者死刑这样的重刑。涉及的第二个罪名是交通肇事罪。该罪若死亡人数为一人，按照相关司法解释应当判处3年以下有期徒刑，但必须注意的是如果撞死人以后逃逸，很可能使得刑期增加到3年以上有期徒刑甚至7年以上有期徒刑。因此，一旦出了交通事故后，首先绝不能慌乱，要立即停车报警。如果酒后驾车撞人以后还驾车乱开引起更严重的后果，很可能被定为以危险方法危害公共安全罪，而该罪量刑极重，至少也是10年有期徒刑甚至是无期徒刑或者死刑。其次,必须在现场等待交警处理,切不可擅自离开现场甚至驾车逃逸。如果逃逸后被抓获归案,那么至少被判处3年以上有期徒刑甚至7年以上有期徒刑。最后,还要向被害人或其家属积极赔付,争取他们的谅解,而这种谅解是酌定从轻判决的情节,而在现实中法院往往对此考虑比较多。按照以上的步骤操作才能在法院争取最轻的量刑。

【法条依据】《中华人民共和国刑法》第114条、第133条,《最高人民法院关于审理交通肇事刑事案件具体应用法律若干问题的解释》第2—3条。

问题170:将人撞伤后为了避免被其他人发现,将伤者藏起来,是否会被判重刑?

答:是的。如果伤者因藏匿得不到及时救治而死的话,藏匿行为本身就会构成故意杀人罪,再加上之前的交通肇事行为,数罪并罚在实务中的量刑至少是无期徒刑以上的刑罚,甚至是死刑。

【法条依据】《最高人民法院关于审理交通肇事刑事案件具体应用法律若干问题的解释》第6条。

问题171:偷东西没偷到,也会被判刑吗?

答:会的。偷东西没偷到,在法律上定性为盗窃未遂。根据相关司法解释,盗窃未遂,情节严重,如以数额巨大的财物或者珍贵文物等为盗窃目标的,应当定罪处罚。而所谓"数额巨大",根据最高院解释即个人盗窃公私财物价值人民币5000至2万元以上的,具体数额是由各省在此范围内自行决定的。因此,偷东西若以5000至2万元的财物或者国家珍贵文物为目标的，纵然没有偷到也会被判刑。但目标金额不足 5000 元同时也不是以国家珍贵文物为盗窃目标的，没有偷到即不能被追究刑事责任。但这并不排除被治安处罚的可能性。

【法条依据】《中华人民共和国刑法》第 264 条，《最高人民法院关于审理盗窃案件具体应用法律若干问题的解释》第 1 条。

问题 172：偷东西被抓到，一般被判几年？

答：视盗窃的目标金额而定，具体各省市都有不同。如浙江省盗窃数额在 2000 元到 2 万元这一区间内则判处 3 年以下有期徒刑或者管制或拘役，如超过 2 万元但在 10 万元以下则判处 3 年以上 10 年以下有期徒刑，如果盗窃金额超过 10 万元则处 10 年以上有期徒刑或者无期徒刑。具体的情况可以自行查阅附表。

附：部分省市盗窃罪量刑标准一栏表

省份	处三年以下有期徒刑、拘役或者管制，并处或者单处罚金	处三年以上十年以下有期徒刑，并处罚金	处十年以上有期徒刑或者无期徒刑，并处罚金或者没收财产	备注
北京市	1000 元至 10000 元	10000 元至 60000 元	60000 元以上	
上海市	2000 元至 20000 元	20000 元至 100000 元	100000 元以上	
浙江省	2000 元至 20000 元	20000 元至 100000 元	100000 元以上	
安徽省	1000 元至 10000 元	10000 元至 50000 元	50000 元以上	

续表

省份		处三年以下有期徒刑、拘役或者管制,并处或者单处罚金	处三年以上十年以下有期徒刑,并处罚金	处十年以上有期徒刑或者无期徒刑,并处罚金或者没收财产	备注
广东省	一类地区	2000元至20000元	20000元至100000元	100000元以上	深圳、珠海、汕头、东莞、中山市
	二类地区	1500元至15000元	15000元至90000元	90000元以上	惠州、江门、湛江、茂名、肇庆、潮州、揭阳、汕尾市
	三类地区	1000元至10000元	10000元至80000元	80000元以上	河源、云浮、阳江、清远、梅州、韶关市
	其他	1000元至20000元	20000元至100000元	100000元以上	广州市、佛山市
四川省	城市	1000元至10000元	10000元至50000元	50000元以上	省辖市市区、直辖市和省辖县级市的城区
	农村	700元至7000元	7000元至50000元	50000元以上	农村县(包括市郊县)
海南省	城市	1000元至10000元	10000元至60000元	60000元以上	海口市、三亚市、洋浦经济开发区、琼山市
	农村	800元至8000元	8000元至50000元	50000元以上	其他市县

问题173:偷下水井盖会比偷一般东西判得更重吗?

答:是的。因为盗窃下水井盖这一行为,可能会触犯以危险方法危害公共安全罪。根据《刑法》相关规定,以危险方法危害公共安全罪是指故意以放火、决水、爆炸、投放危险物质以外的与他们危险性相当的方法危害公共安全的行为。

公路上的下水井盖不仅具有国家财产的性质,它同时还是维护公共安全的措施,用以防止过路行人或车辆跌入下水井中。盗窃下水井盖这一行为,很可能会使得行人掉入没有盖的下水道中，因此，这种行为足以威胁到不特定的多数人的人身和财产安全，可以构成以危险方法危害公共安全罪，而这个罪名的量刑是非常重的，没有造成严重后果的都必须处以3年以上10年以下有期徒刑，如果致人重伤、死亡或者使公私财产遭受重大损失的，处10年以上有期徒刑、无期徒刑或者死刑。

【法条依据】《中华人民共和国刑法》第114－115条。

问题174：偷盗正在使用中的电缆会比偷一般东西判得更重吗？

答：是的。因为偷盗使用中的电缆这一行为往往会造成电力输送中断，其行为严重危害生产经营和人民的正常生活，而且也可能引起爆炸、火灾、触电等隐患的发生。其后果是十分严重的，因此不能简单当作盗窃处理。因此，刑法为此专门规定了破坏电力设备罪。根据《刑法》相关规定，破坏电力设备罪是指故意破坏电力、燃气或者其他易燃易爆设备，危害公共安全的行为。该罪的量刑远远重于盗窃一般物品，根据《刑法》的规定，破坏电力、燃气或者其他易燃易爆设备，危害公共安全，尚未造成严重后果的，处3年以上10年以下有期徒刑。造成严重后果的，处10年以上有期徒刑、无期徒刑或者死刑。当然这里所说的电力设备，是指处于运行、应急等使用中的电力设备，包括使用中的电缆、变压器等等；已经通电使用，只是由于枯水季节或电力不足等原因暂停使用的电力设备；已经交付使用但尚未通电的电力设备。不包括尚未安装完毕，或者已经安装完毕但尚未交付使用的电力设备。若盗窃或破坏的电力设备尚未投入使用，会造成财产上的损失，数额巨大或情节严重时则按照一般盗窃或毁坏财物的情况处理。

【法条依据】《中华人民共和国刑法》第 118—119 条。

问题 175：盗窃在什么情况下判得最重？

答：根据《刑法》的相关规定，盗窃金融机构且数额特别巨大或者盗窃珍贵文物的，处无期徒刑或死刑。即一旦盗窃金融机构且数额特别巨大（特别巨大的标准各地有所不同，但一般不会超过 10 万元）或盗窃珍贵文物的，必须处以无期徒刑以上的刑罚。这是其他种类的盗窃不能比拟的。前段时间的许霆案，一审中之所以被判无期徒刑，就是因为其盗窃 ATM 机被认为是盗窃金融机构且数额特别巨大，虽然有争议，但一审法院还是按照法律的规定判许霆无期徒刑。而重审当中之所以改判为 5 年，是法院在社会压力之下，引用《刑法》第 6 条的规定在法定刑以下进行了量刑，实际上是一个例外。

附许霆案始末：2006 年 4 月 21 日晚 10 时，许霆来到广州市天河区黄埔大道广州市商业银行的 ATM 机取款。取出 1000 元后，他发现银行卡账户里只被扣了 1 元。狂喜之下，许霆连续取款 5.4 万元。当晚，许霆回到住处，将此事告诉了同伴郭安山。两人随即再次前往取款，之后反复操作多次。许霆先后取款 171 笔，合计 17.5 万元。郭安山则取款 1.8 万元。事后，许霆和郭安山各携赃款潜逃。2007 年 5 月 22 日，许霆在陕西省宝鸡市火车站被警方抓获。2007 年 11 月 20 日，广州市中级人民法院一审认定被告人许霆犯盗窃罪，其行为属于盗窃金融机构，数额特别巨大，所以判处无期徒刑，剥夺政治权利终身，并处没收个人全部财产。2008 年 1 月 9 日，广东省高级人民法院认为广州市中级人民法院的一审判决事实不清、证据不足，撤销原一审判决，发回广州中院重新审理该案。2008年3月31日，广州市中级人民法院宣布许霆案的一审重审结果：以盗窃罪判处许霆有期徒刑5年，罚金2万元，追讨其取出的173826元。

【法条依据】《中华人民共和国刑法》第264条。

问题176：发现前面有人在ATM机中取钱未拔信用卡，于是将其余款取走是否触犯刑法？

答：此行为会触犯刑法中的盗窃罪。根据《刑法修正案（五）》，有下列情形之一，进行信用卡诈骗活动，视为盗窃罪定罪处罚：①使用伪造的信用卡，或者使用以虚假的身份证明骗领信用卡的；②使用作废的信用卡的；③冒用他人信用卡的；④恶意透支的。因此，拾到信用卡应及时上交银行或公安机关，对于捡来的信用卡就可以拿卡去取钱或消费的想法是错误的，其行为会触犯盗窃罪，要追究其刑事责任。

【法条依据】《中华人民共和国刑法》第264条。

问题177：盗窃被发现后使用暴力反抗，是不是会被判得很重？

答：是的。根据相关司法解释，盗窃过程中被发现使用暴力反抗的，应当认定为抢劫罪。而抢劫罪的量刑比一般盗窃重得多。如一般入户盗窃赃款未超过5000元的量刑一般都是3年以下有期徒刑。但如果使用暴力反抗则立即变为入户抢劫，其量刑为10年以上有期徒刑。

附相关案例：小偷李某处心积虑地设法盗窃贺某家的钱财，且已多次“踩点”。一日，李某趁贺某夫妇不在家，成功地将贺某家的存折及金器藏入口袋中，不巧出门时正碰到贺某回来拿东西,听到楼下的警车正在“嘟嘟”叫,李某做贼心虚误以为是贺某报警,遂拿出刀来威逼贺某,求得逃身之路。李某的这一行为从学理上讲属于转化型抢劫。根据《刑法》第269条,犯盗窃、诈骗、抢夺罪,为窝藏赃物、抗拒抓捕或者毁灭罪证而当场使用暴力或者以暴力相威胁的,依照抢劫罪定罪处罚。根据《最高人民法院关于审理抢劫案件具体应用法律若干问题的解释》,李某的行为应当认定为入户抢劫。根据《刑法》规定,入户抢劫的处10年以上有期徒刑、无期徒刑或者死刑,并处罚金或者没收财产。

【法条依据】《中华人民共和国刑法》第263条,《最高人民法院关于审理抢劫案件具体应用法律若干问题的解释》第1条。

问题178:进别人家里抢劫,比在一般场合抢劫判得更重吗?

答:是的。入户抢劫属于抢劫罪的加重形态,一般抢劫处3年以上10年以下有期徒刑,入户抢劫处10年以上有期徒刑、无期徒刑或者死刑。除了入户抢劫外同样为抢劫罪的加重形态要判处10年以上有期徒刑、无期徒刑或者死刑的情况还有:

(1)在公共交通工具上抢劫的;

(2)抢劫银行或者其他金融机构的;

(3)多次抢劫或者抢劫数额巨大的;

(4)抢劫致人重伤、死亡的;

(5)冒充军警人员抢劫的;

(6)持枪抢劫的;

(7)抢劫军用物资或者抢险、救灾、救济物资的。

【法条依据】《中华人民共和国刑法》第 263 条。

问题 179：自行设置电网防盗可能触犯刑法吗？

答：我们建议一般的个人或单位不要擅自设置电网，设置电网行为需要高度的注意和严密的管理，否则可能会触犯刑法中的多个罪名。

首先，设置电网的行为人必须采取一些防范措施，如警告牌、报警器、自动切断电源装置、电网安全电压装置等，以确保他人的人身安全。如果行为根本没有设置这些措施或者设置了长期不进行维护，使得这些设备形同虚设，则有可能构成故意以危险方法危害公共安全罪。

如果行为人已经采取一些防范措施轻信不会发生公共危险，但最终仍然造成人员伤亡的，也可能会触犯过失致人重伤或者过失致人死亡罪。

【法条依据】《中华人民共和国刑法》第 114－115 条、第 232 条、第 235 条。

问题 180：为骗取高额保险金而放火烧毁房屋会被判刑吗？判什么罪？

答：放火骗取保险金这一行为，根据《刑法》相关规定，可能会同时构成放火罪和保险诈骗罪两个罪，数罪并罚。根据《刑法》的相关规定，保险诈骗罪是指投保人、被保险人或者受益人，以非法骗取保险金为目的，违反保险法律、法规，采取虚构事实、隐瞒真相的方法骗取保险金数额较大的行为。所谓“数额较大”，根据 2001 年 4 月 18 日最高人民检察院、公安部发布的《关于经济犯罪案件追诉标准的规定》第 48 条的规定，是指下列情况之一:(1)个人进行保险诈骗,数额在 1 万元以上的;(2)单位进行保险诈骗,数额在 5 万元以上。因此,如果数额不是较大,只能作为一般违法行为处理。由于行为人为骗取保险金而实施放火行为,蓄意制造保险事故,可能会危及不特定范围内的公私财物和不特定的多数人的人身安全,因此行为人又同时触犯了放火罪。

【法条依据】《中华人民共和国刑法》第 198 条。

问题 181:王某与李某为争执一个玩具出手打架,其中李某被打后突然休克,王某是否构成犯罪?

答:对于两小孩间的殴打而导致李某抢救无效死亡的情况,是否构成犯罪应该从几方面进行分析:

(1)行为人王某主观上是否有伤害李某的故意。若行为人有主观上的故意,则构成故意伤害罪。而王某和李某发生身体冲突是为了争夺一个玩具,王某才出手打了李某一拳,双方无较大的利益冲突。从一般情况而言,对普通体质的小孩最多构成轻微伤,故王某从主观上没有伤害李某的故意。

(2)王某对李某的危害结果是否应当预见并有预见能力。李某与王某是同班同学,不知李某患有突发性心脏病,无法预见其相互殴打会引起李某疾病突发的危害结果。

(3)李某的死亡结果与王某的行为不是《刑法》上所称的必然因果关系。

(4)李某的死亡是否属于意外事件。王某的殴打行为既不是出于故意,也不具有过失,而是由于不能预见的疾病所导致死亡,属于意外事件。

综上所述,此事件实属意外事件,王某没有构成犯罪,不用负刑事责任。

【法条依据】《中华人民共和国刑法》第 234 条。

问题 182:只领了一本结婚证也可能构成重婚罪吗?

答:是的。重婚罪有多种表现形式。其中申领多本结婚证只是其中的表现之一。除此之外,申领了结婚证后,又与第三人以夫妻名义同居的,或与某人已经形成了事实婚姻关系此后又与第三人领取结婚证的,均可以构成重婚罪。

附相关案例:张某与王某于 1980 年起以夫妻名义开始同居生活,由于当时种种客观原因没有去办理结婚证,且周围邻居也认为他们是夫妻关系。2003 年,张某认识了蔡某,两人情投意合并去民政局领取了结婚证,办了酒席。2007 年,张某以涉嫌重婚罪被检方刑事拘留。张某与王某虽未办理结婚登记手续而以夫妻名义共同生活的,视为事实婚姻,受我国《婚姻法》的保护。而后,张某假借没有结婚证的理由与蔡某办理了结婚登记手续,实际上已触犯了刑法中的重婚罪。

【法条依据】《中华人民共和国刑法》第 258 条。

问题 183:某托运公司的业务员接到一笔价值不菲的包裹后,于受托人办理了货物托运手续后,向其他工作人员谎称受托人不再托运了,并将其托运的物品(价值人民币 2 万元)藏匿在家中。当日,该业务员将此包裹里填充砖头和报纸。此行为是否构成犯罪?

答:此行为已构成职务侵占罪。根据《刑法》第 271 条规定,公司、企业或者其他单位的人员,利用职务上的便利,将本单位财物非法占为己有,数额较大的,处 5 年以下有期徒刑或者拘役;数额巨大的,处 5 年以上有期徒刑,可以并处没收财产。构成职务侵占罪,必须达到“数额较大”的标准。根据最高人民检察院、公安部《关于经济犯罪案件追诉标准的规定》,公司、企业或者其他单位的人员,利用职务上的便利,将本单位财物非法占为己有,数额在5000元至1万元以上应予追诉。这里的数额,应当累计计算。是否构成职务侵占罪,关键在于公司、企业或者其他单位人员非法占有单位财产(包括单位管理、使用、运输中的其他单位财产和个人财产),是否利用了职务上的便利。本案例中,该受托人与承运人其实质上已经达成了货物运输合同,该托运期间的物品属于该托运公司的财产。故该业务员已构成职务侵占罪。

【法条依据】《中华人民共和国刑法》第271条。

问题184:票贩子倒卖车船票会触犯刑法吗?

答:会的。倒卖车船票即指票贩子以个人营利为目的,买进铁路客票、船票后又高于买进价卖出,或变相加价,从中获利的行为。其行为扰乱社会市场经济秩序,严重侵害旅客的合法权利。根据《刑法》第227条规定,倒卖车票、船票,情节严重的,处3年以下有期徒刑、拘役或者管制,并处或者单处票证价额1倍以上5倍以下罚金。

根据《最高人民法院关于审理倒卖车票刑事案件有关问题的解释》(1999年9月14日)的有关规定,高价、变相加价倒卖车票或者倒卖坐席、卧铺签字号及订购车票凭证,票面数额在5000元以上,或者非法获利数额在2000元以上的,构成倒卖车票情节严重。对于铁路职工倒卖车票或者与其他人员勾结倒卖车票;组织倒卖车票的首要分子;曾因倒卖车票受过治安处罚两次以上或者被劳动教养一次以上,两年内又倒卖车票，构成倒卖车票罪的，依法从重处罚。

【法条依据】《中华人民共和国刑法》第 227 条，《最高人民法院关于审理倒卖车票刑事案件有关问题的解释》第 1 条。

问题 185：没有医师从业资格证，但有一定医疗知识，在农村免费为乡亲看病，是否可能触犯刑法？

答：可能触犯刑法，构成非法行医罪。而非法行医罪的构成就是在未取得“医疗机构执业许可证”的情况下，非法行医，造成后果严重，如造成病人重伤死亡等等。量刑一般为处 3 年以下有期徒刑、拘役或者管制，并处或者单处罚金；严重损害就诊人身体健康的，处 3 年以上 10 年以下有期徒刑，并处罚金；造成就诊人死亡的，处 10 年以上有期徒刑，并处罚金。

相关案例：周某毕业于某医学院，曾在某疾控防疫中心从事医疗工作，并由×市人民政府卫生行政部门颁布了医师执业证书。经卫生部门颁发行医执照自办诊所行医。因某些违规行为，该个体诊所停业。此后，周某在家中为该村村民看病(病人主要以老人为主)，不收挂号费，只收取必要的药品费用。某日，一年迈的村民因咳嗽多日前来看病，周某询问该村民对青霉素没过敏现象后，即按操作规程为该村民注射了青霉素针剂。注射 10 分钟后，见村民有青霉素过敏症状遂注射了“地塞米松”，见情况仍未好转遂立即通知家属，并打了 120 救助。该村民抢救无效，休克死亡。周某的行为构成非法行医罪。

【法条依据】《中华人民共和国刑法》第 336 条。

问题 186:未经许可,擅自利用耕地建设学校、幼儿园等公益设施,是否会触犯刑法?

答:会的。这种行为构成了刑法的非法占用农用地罪,即指违反土地管理法规,非法占用耕地、林地等农用地,改变被占用土地用途,数量较大,造成耕地、林地等农用地大量破坏的行为。根据《刑法》第 342 条的规定,违反土地管理法规,非法占用耕地、林地等农用地,改变被占用土地用途,数量较大,造成耕地、林地等农用地大量破坏,处 5 年以下有期徒刑或者拘役,并处或者单处罚金。

相关案例:某县蔡老师选择该县宏海村“土沟沟”基本农田保护区内的耕地,作为其筹办的民办学校建校地点,在未办理合法手续的情况下,擅自在这片耕地上施工建设学校。施工期间,该县国土资源局工作人员到现场制止其非法占地行为,并向被告人送达“责令停止土地违法行为通知书”。被告人蔡老师拒不签收,仍继续施工建设。于次年 1 月学校基本建成。经该县国土资源局现场勘查,被告人蔡老师非法占用耕地面积达 8 亩,造成这片耕地的种植条件严重毁坏。蔡老师的行为构成非法占用农用地罪。

【法条依据】《中华人民共和国刑法》第 342 条。

问题 187:未经许可,擅自采矿可能会触犯刑法吗?

答:会的。根据《最高人民法院关于审理非法采矿、破坏性采矿刑事案件具体应用法律若干问题的解释》的规定,未取得采矿许可证擅自采矿的,经责令停止开采后拒不停止开采,造成矿产资源破坏的,依照《刑法》第 343 条的规定,以非法采矿罪论处。

相关案例：霞山村某一村民发现离大海约1.5公里处的尤一村村边林地有大量矿产资源，遂带领一大帮霞山村村民砍毁了大片茂盛的速生林，架起采矿机械，搭起简易工棚，大肆抽取沙土里面含有钛等金属的黑、黄色矿砂。经尤一村村民的检举，有关部门虽多次进行过查处，但执法人员走后非法采矿点又继续开工。自此以后，原先保护良好的生态环境遭到了严重破坏，大片的沙滩地被挖塌了，村边林地被挖成大深潭，对孩子们的安全构成了很大的威胁。这批霞山村村民不听执法人员的多次告诫，仍继续开采的行为已触犯了刑法，应以非法采矿罪论。

【法条依据】《中华人民共和国刑法》第343条，《最高人民法院关于审理非法采矿、破坏性采矿刑事案件具体应用法律若干问题的解释》第1条。

问题188：犯罪嫌疑人和被告人有什么权利？

答：刑事诉讼中犯罪嫌疑人、被告人享有广泛的诉讼权利。这些诉讼权利按其性质和作用的不同，可分为防御性权利和救济性权利两种。防御性权利，是指犯罪嫌疑人、被告人为对抗追诉方的指控、抵销其控诉效果所享有的诉讼权利。救济性权利，是指犯罪嫌疑人、被告人对国家专门机关所作的对其不利的行为、决定或裁判，要求另一专门机关予以审查并作出改变或撤销的诉讼权利。

根据刑事诉讼法的规定，犯罪嫌疑人、被告人享有的防御性权利主要有：

(1)有权使用本民族语言文字进行诉讼。

(2)有权自行或在辩护人协助下获得辩护：在公诉案件

中，自案件移送审查起诉之日起，有权委托辩护人；在自诉案件中，有权随时委托辩护人；在侦查机关第一次讯问或者采取强制措施之日起，有权聘请律师提供法律咨询、代理申诉和控告，代为申请取保候审等；有权在法定条件下获得法院为其指定的辩护人的法律帮助；有权拒绝辩护人继续为其辩护，也有权另行委托辩护人辩护。

(3)有权拒绝回答侦查人员提出的与本案无关的问题。

(4)有权在开庭前10日收到起诉书副本。

(5)有权参加法庭调查，就检察机关指控的犯罪事实发表陈述，向证人、鉴定人发问，辨认、鉴别物证，听取未到庭的证人的证言笔录、鉴定人的鉴定结论、勘验检查笔录和其他证据文书，并就上述书面证据发表意见；有权申请通知新的证人到庭，调取新的物证，申请重新鉴定或者勘验。

(6)有权参加法庭辩论，对事实的认定和法律的适用发表意见，并且可以与控诉方展开辩论。

(7)有权向法庭作最后陈述。

(8)自诉案件的被告人有权对自诉人提出反诉。

犯罪嫌疑人、被告人享有的救济性权利主要包括：

(1)有权申请侦查人员、检察人员、审判人员、书记员、鉴定人、翻译人员回避，对驳回申请回避的决定不服的，有权申请复议。

(2)对审判人员、检察人员和侦查人员侵犯公民诉讼权利和人身侮辱的行为，有权提出控告。

(3)犯罪嫌疑人、被告人被羁押的，有权申请取保候审。

(4)对于人民法院、人民检察院和公安机关采取强制措施超过法定期限的，有权要求解除强制措施。

(5)对于人民检察院依照《刑事诉讼法》第142条第2款的规定作出的不起诉(酌量不起诉,或日酌定不起诉)决定,有权向人民检察院申诉。

(6)对地方各级人民法院的第一审的判决、裁定,有权用书状或者口头向上一级人民法院上诉,从而引起第二审程序的开始。

(7)对各级人民法院已经发生法律效力的判决、裁定,有权向人民法院、人民检察院提出申诉;申诉符合刑事诉讼法第204条所规定的四种情形之一的,人民法院应当重新审判。

问题189:哪些案件可以直接向法院提起诉讼?

答:《刑事诉讼法》第18条第3款规定:自诉案件,由人民法院直接受理。这一规定清楚地表明,人民法院直接受理的刑事案件,只限于自诉案件。所谓自诉案件,是指由被害人本人或者其近亲属向人民法院起诉的案件。根据《刑事诉讼法》第170条的规定,自诉案件包括下列三类案件:

(1)告诉才处理的案件。所谓告诉才处理的案件,在我国刑事诉讼中是指只有被害人或其法定代理人提出控告和起诉,人民法院才予以受理解决的案件;如果被害人因受到强制、威吓、无法告诉的,人民检察院或者被害人的近亲属也可以告诉。根据我国《刑法》的规定,告诉才处理的案件共有四种:即《刑法》分则第246条第1款规定的公然侮辱、诽谤案(但是严重危害社会秩序和国家利益的除外),第257条第1款规定的暴力干涉婚姻自由案,第260条第1款规定的虐待案和第270条规定的侵占他人财物案。

(2)被害人有证据证明的轻微刑事案件,是指人民检察院没有提起公诉，被害人有证据证明的，不需要进行专门调查和采取有关强制性措施即可查清案件事实的案件。这类刑事案件主要包括：①故意伤害案（轻伤）；②重婚案；③遗弃案；④妨害通信自由案；⑤非法侵入他人住宅案；⑥生产、销售伪劣商品案（严重危害社会秩序和国家利益的除外）；⑦侵犯知识产权案（严重危害社会秩序和国家利益的除外）；⑧属于《刑法》分则第 4 章、第 5 章规定的，对被告人可以判处 3 年有期徒刑以下刑罚的其他轻微刑事案件等。

(3)被害人有证据证明对被告人侵犯自己人身、财产权利的行为应当依法追究刑事责任，而公安机关或者人民检察院已作出不予追究的书面决定的案件。依据《刑事诉讼法》第 170 条第 3 项的规定，这类案件从性质上说原属于公诉案件范围，若成为自诉案件，必须具备三个条件：一是被害人有足够证据证明；二是被告人侵犯了自己的人身、财产权利，应当追究被告人刑事责任的；三是公安机关或者人民检察院不予追究，并已经作出书面决定的。这类刑事案件的范围很广，既包括公安机关或检察机关不立案侦查或撤销的案件，也包括检察机关决定不起诉的案件。

问题 190：在刑事诉讼中，哪些人需要回避？

答：根据《刑事诉讼法》第 28 条和第 31 条以及最高人民法院、最高人民检察院有关解释的规定，适用回避制度的人员范围非常广泛，包括审判人员、检察人员、侦查人员以及参与侦查、起诉、审判活动的人民陪审员、书记员、翻译人员、鉴定人、司法警察、勘验人员、执行员。其中，审判人员指各级人民法院院长、副院长、审判委员会委员、庭长、副庭长、审判员、助理审判员以及其他在法院中占行政编制的工作人员。检察人员是指各级人民检察院检察官、书记员和司法行政人员。对于检察委员会委员是否属于回避范围,法律没有明确规定。一般认为,检察委员会委员对案件处理结果有重要影响,从维护司法公正出发,检察委员会委员应当纳入检察人员范围,依法回避。

问题191:什么人可以作为被告的辩护人?

答:根据《刑事诉讼法》第32条规定,辩护人的范围包括:

(1)律师。律师是指依照法定程序取得律师资格,并且经过登记注册,为社会提供法律服务的执业人员。虽然取得律师资格但未登记注册的,仍不得以律师身份接受委托担任辩护人。

(2)人民团体或者犯罪嫌疑人、被告人所在单位推荐的人。

(3)犯罪嫌疑人、被告人的监护人、亲友,也可以接受犯罪嫌疑人、被告人的委托,做他的辩护人。

律师、人民团体、被告人所在单位推荐的人以及被告人的监护人、亲友,被委托为辩护人的,人民法院应当核实其身份证明和辩护委托书。

问题192:什么人不能作为被告的辩护人?

答:根据《刑事诉讼法》第32条第2款和《最高人民法院关于执行〈中华人民共和国刑事诉讼法〉若干问题的解释》第33条规定,下列人员不得被委托担任辩护人:

(1)被宣告缓刑和刑罚尚未执行完毕的人;

(2)依法被剥夺、限制人身自由的人;

(3)无行为能力或限制行为能力的人;

(4)人民法院、人民检察院、公安机关、国家安全机关、监狱的现职人员；

(5)本院的人民陪审员；

(6)与本案审理结果有利害关系的人；

(7)外国人或者无国籍的人。

上述第(4)、(5)、(6)、(7)项规定的人员，如果是被告人的近亲属或者监护人，由被告人委托辩护人的，人民法院可以准许。

问题193：对什么人可以适用取保候审？

答：根据《刑事诉讼法》第60条、第65条、第69条、第74—75条，《最高人民法院关于执行〈中华人民共和国刑事诉讼法〉若干问题的解释》第66条，《人民检察院刑事诉讼规则》第37条的规定，取保候审适用于以下情形：

(1)可能判处管制、拘役或者独立适用附加刑的。

(2)可能判处有期徒刑以上刑罚，采取取保候审不致发生社会危险性的。

(3)应当逮捕但患有严重疾病，或者是正在怀孕、哺乳自己未满1周岁婴儿的妇女。

(4)对被拘留的犯罪嫌疑人、被告人，需要逮捕而证据尚不符合逮捕条件的。

(5)提请批准逮捕后，检察机关不批准逮捕，需要复议、复核的。

(6)移送起诉后，检察机关决定不起诉，需要复议复核的。

(7)犯罪嫌疑人、被告人被羁押的案件，不能在《刑事诉讼法》规定的侦查、审查起诉、一审和二审期限内办结，需要继续侦查、审查起诉或审判的。

持有有效护照和其他有效出入境证件，可能出境逃避侦查，但不需要逮捕的。

问题194：拘留的最长期限是多久？

答：一般情况下，刑事诉讼拘留的期限最长为14日。流窜作案、多次作案、结伙作案的重大嫌疑分子，拘留期限最长为37日。

问题195：如果在刑事案件中人身财产利益受到侵害，能否要求赔偿？

答：《刑事诉讼法》第77条规定，被害人由于被告人的犯罪行为而遭受物质损失的，在刑事诉讼过程中，有权提起附带民事诉讼。如果是国家、集体财产遭受损失的，人民检察院在提起公诉的时候，可以提起附带民事诉讼。

根据《刑事诉讼法》和有关司法解释的规定，以下主体有权以自己的名义向司法机关提起附带民事诉讼赔偿请求：

(1)因犯罪行为遭受物质损失的公民。任何公民由于被告人的犯罪行为而遭受物质损失的，在刑事诉讼过程中，都有权提起附带民事诉讼。

(2)因犯罪行为遭受物质损失的企业、事业单位、机关、团体等。

(3)当被害人是未成年人或精神病患者等无行为能力人或者限制行为能力人时，他们的法定代理人可以代为提起附带民事诉讼。

(4)当被害人死亡时，其近亲属可以提起附带民事诉讼。

(5)如果是国家财产、集体财产遭受损失的，人民检察院在提起公诉时，可以提起附带民事诉讼。

问题 196:向公安机关控告,公安机关不予立案的,该怎么处理?

答:既可以向公安机关申请复议,也可以请求人民检察院进行立案监督。我国《刑事诉讼法》第 86 条规定,人民法院、人民检察院或者公安机关决定不立案时,应将不立案的原因通知控告人。控告人如果不服,可以申请复议。第 87 条又规定:人民检察院认为公安机关对应当立案侦查的案件而不立案侦查的,或者被害人认为公安机关对应当立案侦查的案件而不立案侦查,向人民检察院提出的,人民检察院应当要求公安机关说明不立案的理由。人民检察院认为公安机关不立案理由不能成立的,应当通知公安机关立案,公安机关接到通知后应当立案。由此可见,法律规定的立案监督包括控告人的监督和检察机关的监督两种形式。

问题 197:向法院提起自诉,需要满足什么条件?

答:依据自诉案件的特征和法律有关规定,自诉案件提起诉讼的条件是:

(1)有适格的自诉人。在法律规定的自诉案件范围内,遭受犯罪行为直接侵害的被害人有权向人民法院提起自诉。被害人死亡、丧失行为能力或者因受强制威吓等原因无法告诉,或者是限制行为能力以及由于年老、患病、盲、聋、哑等原因不能亲自告诉的,被害人的法定代理人、近亲属有权向人民法院起诉。

(2)有明确的被告人和具体的诉讼请求。自诉人起诉时应明确提出控诉的对象,如果不能提出明确的被告人或者被告人下落不明的,自诉案件不能成立。自诉人起诉时还应提出具体的起诉请求，包括指明控诉的罪名和要求人民法院追究被告人何种刑事责任。如果提起刑事自诉附带民事诉讼，还应提出具体的赔偿请求。

（3）属于自诉案件范围。即属于《刑事诉讼法》第170条规定的告诉才处理的案件；被害人有证据证明的轻微刑事案件；被害人有证据证明对被告人侵犯自己人身权利、财产权利的行为应当依法追究刑事责任，而公安机关或者人民检察院不予追究被告人刑事责任的三类案件以及最高人民法院《解释》确定的具体的自诉案件。

（4）被害人有证据证明，被害人提起刑事自诉必须有能够证明被告人犯有被指控的犯罪事实的证据。

（5）属于受诉人民法院管辖。

问题198：提起自诉案件的程序是什么？

答：自诉人应当向人民法院提交刑事自诉状。提起附带民事诉讼的，还应当提交刑事附带民事自诉状。自诉人书写自诉状确有困难的，可以口头告诉，由人民法院工作人员作出告诉笔录，向自诉人宣读，自诉人确认无误后，应当签名或者盖章。

自诉状或者告诉笔录应当包括以下内容：

（1）自诉人、被告人、代为告诉人的姓名、性别、年龄、民族、出生地、文化程度、职业、工作单位、住址。

（2）被告人犯罪行为的时间、地点、手段、情节和危害后果等。

（3）具体的诉讼请求。

（4）致送人民法院的名称及具状时间。

（5）证人的姓名、住址及其他证据的名称、来源等。

问题 199:不服刑事一审判决,什么人可以提起上诉?

答:被告当然可以提起上诉,并且不需理由。不服判决的上诉期限为 10 日,不服裁定的上诉的期限为 5 日。

被害人及其法定代理人不服地方各级人民法院一审判决,有权自收到判决书后 5 日内请求人民检察院提出抗诉,但不能以自己的名义提起上诉;人民检察院应在收到请求后 5 日内作出是否抗诉的决定并且答复请求人。

问题 200:如果被告对一审判决不服提起上诉,二审法院能否加重刑罚?

答:绝对不能。《刑事诉讼法》第 190 条第 1 款规定:第二审人民法院审判被告人或他的法定代理人、辩护人、近亲属上诉的案件,不得加重被告人的刑罚。这就是我国关于上诉不加刑的法律规定。该原则旨在保护被告人的上诉权,防止因上诉而遭致不利的后果。

上诉不加刑原则,只适用于被告人和他的法定代理人、辩护人、近亲属提起的上诉案件。而人民检察院提出抗诉的或者自诉案件自诉人提出上诉的,第二审人民法院对案件进行判决时,不受该原则的限制,这是《刑事诉讼法》第 190 条第 2 款所规定的上诉不加刑原则的例外情况。

问题 201:如果对二审判决还是不服,可以通过什么途径救济?

答:如果对二审判决或者生效的一审判决不服,可以申诉。当事人及其法定代理人、近亲属认为人民法院已经发生法律效力的判决、裁定有错误,要求人民法院或者人民检察院进行审查处理。

申诉人向人民法院申诉，应当提交以下材料：①申诉状，应当载明当事人的基本情况、申诉的事实与理由。②原一、二审判决书、裁定书等法律文书，经过人民法院复查或再审的，应当附有驳回通知书、再审判决书或裁定书。③以有新的证据证明原裁判认定的事实确有错误为由申诉的，应当同时附有证据目录、证人名单和主要证据复印件或者照片；需要人民法院调查取证的，应当附有证据线索。人民法院对刑事案件的申诉人在刑罚执行完毕后两年内提出的申诉，应当受理；超过两年提出申诉，具有下列情形之一的，应当受理：①可能对原审被告人宣告无罪的；②原审被告人在《若干意见》规定的期限内向人民法院提出申诉，人民法院未受理的；③属于疑难、复杂、重大案件的。

问题 202：哪些人可以暂予监外执行？

答：根据《刑事诉讼法》第 214 条对暂予监外执行作了明确规定，必须具备下列情形之一：

(1)罪犯有严重疾病需保外就医。对于罪犯确有严重疾病，必须保外就医的，由省级人民政府指定的医院开具证明文件，依照法律规定的程序审批。发现被保外就医的罪犯不符合保外就医条件的，或者严重违反有关保外就医规定的，应当及时收监执行。

(2)罪犯怀孕或者正在哺乳自己的婴儿。哺乳期限按婴儿出生后 1 年计算。

(3)罪犯生活不能自理，适用暂予监外执行不致危害社会。

问题 203:未成年的犯罪嫌疑人、被告人有哪些特别诉讼权利?

答:对于未成年犯罪嫌疑人、被告人,除了享有与成年犯罪嫌疑人、被告人相同的诉讼权利外,还享有一些特殊的权利,主要包括:在讯问和审判时,可以通知被告人的法定代理人到场。被告人是未成年人而没有委托辩护人的,人民法院应当为他指定承担法律援助义务的律师为其提供辩护。14 岁以上不满 16 岁未成年人犯罪的案件,一律不公开审理;16 岁以上不满 18 岁未成年人犯罪的案件,一般也不公开审理。办理未成年人违法犯罪案件,应当保护未成年人的名誉,不得公开披露涉案未成年人的姓名、住所和影像;开庭审理前,应当通知未成年被告人的法定代理人出庭。法定代理人无法出庭或者确实不适宜出庭的,应另行通知其他监护人或者其他成年近亲属出庭。

附录:几种主要的第一审刑事判决书样式

(一)

×××人民法院

刑事判决书

(一审公诉案件适用普通程序用)

(××××)×刑初字第××号

公诉机关××××人民检察院。

被告人……(写明姓名、性别、出生年月日、民族、出生地、文化程度、职业或者工作单位和职务、住址和因本案所受强制措施情况等，现羁押处所)。

辩护人……(写明姓名、工作单位和职务)。

×××人民检察院以×检×诉[年度]××号起诉书指控被告人×××犯××罪，于××××年××月××日向本院提起公诉。本院依法组成合议庭，公开(或者不公开)开庭审理了本案。×××人民检察院指派检察员×××出庭支持公诉，被害人×××及其法定代理人×××、诉讼代理人×××，被告人×××及其法定代理人×××、辩护人×××，证人×××，鉴定人×××，翻译人员×××等到庭参加诉讼。现已审理终结。

×××人民检察院指控……(概述人民检察院指控被告人犯罪的事实、证据和适用法律的意见)。

被告人×××辩称……(概述被告人对指控的犯罪事实予以供述、辩解、自行辩护的意见和有关证据)。辩护人×××提出的辩护意见是，……(概述辩护人的辩护意见和有关证据)。

经审理查明，……(首先写明经庭审查明的事实，其次写明经举证、质证定案的证据及其来源，最后对控辩双方有异议的事实、证据进行分析、认证)。

本院认为，……(根据查证属实的事实、证据和有关法律规定，论证公诉机关指控的犯罪是否成立，被告人的行为是否构成犯罪，犯的什么罪，是否应从轻、减轻、免除处罚或者从重处罚。对于控辩双方关于适用法律方面的意见，应当有分析地表示是否予以采纳，并阐明理由)。依照……(写明判决的法律依据)的规定，判决如下：

……[写明判决结果。分三种情况：

第一，定罪判刑的，表述为：

“一、被告人×××犯××罪，判处……（写明主刑、附加刑）。

（刑期从判决执行之日起计算。判决执行以前先行羁押的，羁押1日折抵刑期1日，即自××××年××月××日起至××××年××月××日止）。

二、被告人×××……（写明决定追缴、退赔或者发还被害人、没收财物的名称、种类和数额）。”

第二，定罪免刑的，表述为：

“被告人×××犯××罪，免予刑事处罚（如有追缴、退赔或者没收财物的，续写第2项）。”

第三，宣告无罪的，无论是适用《刑事诉讼法》第162条第2项还是第3项，均应表述为：

“被告人×××无罪”。]

如不服本判决，可在接到判决书的第2日起10日内，通过本院或者直接向×××人民法院提出上诉。书面上诉的，应当提交上诉状正本1份，副本×份。

审判长×××

审判员×××

审判员×××

××××年××月××日

（院印）

本件与原本核对无异

书记员×××

（二）

×××人民法院

刑事附带民事判决书

（一审公诉案件适用普通程序用）

（××××）×刑初字第××号

公诉机关×××人民检察院。

附带民事诉讼原告人……（写明姓名、性别、出生年月日、民族、出生地、文化程度、职业或者工作单位和职务、住址等）。

被告人……（写明姓名、性别、出生年月日、民族、出生地、文化程度、职业或者工作单位和职务、住址、因本案所受强制措施情况等，现羁押处所）。

辩护人……（写明姓名、工作单位和职务）。

×××人民检察院以×检×诉[年度]××号起诉书指控被告人×××犯××罪，于××××年××月××日向本院提起公诉。在诉讼过程中，附带民事诉讼原告人向本院提起附带民事诉讼。本院依法组成合议庭，公开（或者不公开）开庭进行了合并审理。×××人民检察院指派检察员×××出庭支持公诉，附带民事诉讼原告人×××及其法定（诉讼）代理人×××，被告人×××及其法定代理人×××、辩护人×××，证人×××，鉴定人×××，翻译人员×××等到庭参加诉讼。现已审理终结。

×××人民检察院指控……（概述人民检察院指控被告人犯罪的事实、证据和适用法律的意见）。附带民事诉讼原告人诉称……（概述附带民事诉讼原告人的诉讼请求和有关证据）。

被告人×××辩称……(概述被告人对人民检察院指控的犯罪事实和附带民事诉讼原告人的诉讼请求予以供述、辩解、自行辩护、答辩的意见和有关证据)。辩护人×××提出的辩护意见是……(概述辩护人的辩护意见和有关证据)。

经审理查明,……(首先,写明经法庭审理查明的事实,既要写明经法庭查明的全部犯罪事实,又要写明由于被告人的犯罪行为使被害人遭受经济损失的事实;其次,写明据以定案的证据及其来源;最后,对控辩双方有异议的事实、证据进行分析、认证)。

本院认为,……(根据查证属实的事实、证据和法律规定,论证公诉机关指控的犯罪是否成立,被告人的行为是否构成犯罪,犯的什么罪,应否追究刑事责任;论证被害人是否由于被告人的犯罪行为而遭受经济损失,被告人对被害人的经济损失应否负民事赔偿责任;应否从轻、减轻、免除处罚或者从重处罚。对于控辩双方关于适用法律方面的意见,应当有分析地表示是否予以采纳,并阐明理由)。依照……(写明判决的法律依据)的规定,判决如下:

……[写明判决结果。分四种情况:

第一,定罪判刑并应当赔偿经济损失的,表述为:

"一、被告人×××犯××罪,……(写明主刑、附加刑)。

(刑期从判决执行之日起计算。判决执行以前先行羁押的,羁押1日折抵刑期1日,即自××××年××月××日起至××××年××月××日止)。

二、被告人×××赔偿附带民事诉讼原告人×××……(写明受偿人的姓名、赔偿的金额和支付的日期)。"

第二,定罪免刑并应当赔偿经济损失的,表述为:

"一、被告人×××犯××罪,免予刑事处罚;

二、被告人×××赔偿附带民事诉讼原告人×××……(写明受偿人的姓名、赔偿的金额和支付的日期)。"

第三,宣告无罪但应当赔偿经济损失的,表述为:

"一、被告人×××无罪;

二、被告人×××赔偿附带民事诉讼原告人×××……(写明受偿人的姓名、赔偿的金额和支付的日期)。"

第四,宣告无罪且不赔偿经济损失的,表述为:

"一、被告人×××无罪;

二、被告人×××不承担民事赔偿责任。"]

如不服本判决,可在接到判决书的第2日起10日内,通过本院或者直接向×××人民法院提出上诉。书面上诉的,应当提交上诉状正本1份,副本×份。

审判长×××

审判员×××

审判员×××

××××年××月××日

(院印)

本件与原本核对无异

书记员×××

（三）

×××人民法院

刑事附带民事判决书

（一审公诉案件适用简易程序用）

（××××）×刑初字第××号

公诉机关×××人民检察院。

被告人……（写明姓名、性别、出生年月日、民族、出生地、文化程度、职业或者工作单位和职务、住址、因本案所受强制措施情况等，现羁押处所）。

辩护人……（写明姓名、工作单位和职务）。

×××人民检察院以×检×诉[年度]××号起诉书指控被告人×××犯××罪，于××××年××月××日向本院提起公诉。本院依法适用简易程序，实行独任审判，公开（或者不公开）开庭审理了本案。×××人民检察院检察员×××、被告人×××、辩护人×××等到庭参加诉讼。现已审理终结。

×××人民检察院指控……（概述人民检察院指控被告人犯罪的事实和适用法律的意见）。

被告人×××的供述、辩解和辩护人×××的辩护意见……（予以概述）。

经审理查明，……（写明经法庭审理查明的被告人的犯罪事实和据以定案的证据）。

本院认为，……（写明判决的理由）。依照……（写明判决的法律依据）的规定，判决如下：

被告人×××犯××罪，判处……（写明判处的具体内容)。

(刑期从判决执行之日起计算。判决执行以前先行羁押的,羁押1日折抵刑期1日。即自××××年××月××日起至××××年××月××日止)。

如不服本判决,可在接到判决书的第2日起10日内,通过本院或者直接向×××人民法院提出上诉。书面上诉的,应当提交上诉状正本1份,副本×份。

审判员×××

××××年××月××日

(院印)

本件与原本核对无异

书记员×××

第三篇　行政法与经济法问答

第一章　行政处罚

问题 204:未满 14 周岁的人或者精神上有问题的人可以被行政处罚吗?

答:按照法律规定,不满 14 周岁的人有违法行为的,不予行政处罚。精神病人只有在不能辨认或者不能控制自己行为时有违法行为的,才不予行政处罚。但应当责令其监护人对前者加以管教,对后者应当严加看管和治疗。同时需注意的是,间歇性精神病人在精神正常时有违法行为的,还是应当给予行政处罚。

【法条依据】《中华人民共和国行政处罚法》第 25—26 条。

问题 205:哪些情况下应当从轻或减轻行政处罚?

答:当事人有下列情形之一的,应当依法从轻或者减轻行政处罚:

(1)主动消除或者减轻违法行为危害后果的;

(2)受他人胁迫有违法行为的;

(3)配合行政机关查处违法行为有立功表现的;

(4)已满14周岁不满18周岁的人有违法行为的,从轻或者减轻行政处罚。

(5)其他依法从轻或者减轻行政处罚的。

如果违法行为轻微并及时纠正,没有造成危害后果的,不予行政处罚。

【法条依据】《中华人民共和国行政处罚法》第25条、第27条。

问题206:因违法行为被行政拘留或者罚款后发现该违法行为已经构成犯罪的,原来的行政拘留或罚款怎么处理?

答:违法行为构成犯罪,人民法院判处拘役或者有期徒刑时,行政机关已经给予当事人行政拘留的,应当依法折抵相应刑期。违法行为构成犯罪,人民法院判处罚金时,行政机关已经给予当事人罚款的,应当折抵相应罚金。

【法条依据】《中华人民共和国行政处罚法》第28条。

问题207:很久以前发生的违法行为被行政机关发现了,还能处罚吗?

答:这要看隔了多长时间。按照法律规定,违法行为在两年内未被发现的,不再给予行政处罚。即如果是两年以前的违法行为就不再给予行政处罚了,但如果法律另有规定的话还是要按照另外的规定。

同时需要注意的是,这个两年期限,一般是从违法行为发生之日起计算;但如果违法行为有连续或者继续状态的,从行为终了之日起计算。

还需注意的是如是违反治安管理而将受行政处罚的,在6个月内没有被公安机关发现的,不再处罚。该6个月同样从违反治安管理行为发生之日起计算；违反治安管理行为有连续或者继续状态的，从行为终了之日起计算。

【法条依据】《中华人民共和国行政处罚法》第29条，《中华人民共和国治安管理处罚法》第22条。

问题208：当违法行为被行政机关发现而可能被行政处罚的，可以进行申辩吗？会不会因为申辩而加重处罚？

答：陈述和申辩是当事人享有的权利。行政机关必须充分听取当事人的意见，对当事人提出的事实、理由和证据，应当进行复核；当事人提出的事实、理由或者证据成立的，行政机关应当采纳。同时，行政机关不得因当事人申辩而加重处罚。

需要明确的是，申辩是当事人一项极其重要的权利，如果在行政处罚前，执法人员拒绝听取当事人的陈述、申辩，可以导致行政处罚决定不成立；当然如果是当事人自行放弃陈述或者申辩权利的除外。

【法条依据】《中华人民共和国行政处罚法》第32条、第41条。

问题209：当场作出的行政处罚需要满足哪些条件？

答：按照法律规定，只有违法事实确凿并有法定依据，对公民处以50元以下、对法人或者其他组织处以1000元以下罚款或者警告的行政处罚的，才可以当场作出行政处罚决定。

如果执法人员当场作出行政处罚决定的，应当向当事人出示执法身份证件，填写预定格式、编有号码的行政处罚决定书。并应当将行政处罚决定书当场交付当事人，而行政处罚决定书应当载明当事人的违法行为、行政处罚依据、罚款数额、时间、地点以及行政机关名称,并由执法人员签名或者盖章。

【法条依据】《中华人民共和国行政处罚法》第33—35条。

问题210:行政机关作出行政处罚前,可以一个人进行调查吗?

答:不可以。按照法律规定,行政机关在调查或者进行检查时,执法人员不得少于两人,同时还应当向当事人或者有关人员出示证件。当然如果两个以上的执法人员出示证件后来调查的话,当事人或者有关人员就应当如实回答询问,并协助调查或者检查,不得阻挠。

【法条依据】《中华人民共和国行政处罚法》第37条。

问题211:哪些情况可以导致行政处罚不成立?

答:按照法律规定,行政机关及其执法人员在作出行政处罚决定之前,应当向当事人告知给予行政处罚的事实、理由和依据,或者听取当事人的陈述、申辩。如没有告知或者拒绝听取当事人的陈述和申辩的,则会导致行政处罚决定不能成立,当然当事人放弃陈述或者申辩权利的除外。

【法条依据】《中华人民共和国行政处罚法》第31—32条、第41条。

问题212:哪些行政处罚可以要求听证?听证需要交钱吗?

答:当行政机关作出责令停产停业、吊销许可证或者执照、较大数额罚款等行政处罚决定之前,首先应当告知当事人有要求举行听证的权利;一旦当事人要求听证的,行政机关就必须组织听证。同时,当事人不承担行政机关组织听证的费用。当然听证有其一定的程序：

(1)要求听证应当在行政机关告知后3日内提出。

(2)行政机关应当在听证的7日前，通知当事人举行听证的时间、地点；相应的，如果在7日内才通知的，当事人就可以要求增加到7日时间。

(3)听证一般都是公开举行的，只有在涉及国家秘密、商业秘密或者个人隐私的情况下才不公开。

(4)听证由行政机关指定的非本案调查人员主持；如果当事人认为主持人与本案有直接利害关系的，有权申请回避。

(5)当事人可以亲自参加听证，也可以委托一至二人代理。

(6)举行听证时，调查人员提出当事人违法的事实、证据和行政处罚建议；当事人进行申辩和质证。

(7)听证的笔录应当交当事人审核无误后签字或者盖章。

【法条依据】《中华人民共和国行政处罚法》第42条。

问题213：行政处罚中的罚款可以当场交给执法人员吗？

答：除了以下情况可以当场收缴的罚款外，作出行政处罚决定的行政机关及其执法人员不得自行收缴罚款。同时，当场收缴罚款的，必须出具省、自治区、直辖市财政部门统一制发的罚款收据；不出具财政部门统一制发的罚款收据的，当事人有权拒绝缴纳罚款：

(1)依法当场给予20元以下的罚款的；

(2)当场给予行政处罚情况下，不当场收缴事后难以执行的。

(3)在边远、水上、交通不便地区，行政机关及其执法人员作出罚款决定后，当事人向指定的银行缴纳罚款确有困难，经当事人提出，行政机关及其执法人员可以当场收缴罚款。

(4)如果是违反治安管理处罚法而给予的50元以下罚款，被处罚人对罚款无异议的；或者被处罚人在当地没有固定住所，不当场收缴事后难以执行的情况下，人民警察也可以当场收缴罚款。

除了以上情况外，当事人应当自收到行政处罚决定书之日起15日内，到指定的银行缴纳罚款。银行应当收受罚款，并将罚款直接上缴国库。

【法条依据】《中华人民共和国行政处罚法》第33条、第47—49条，《中华人民共和国治安管理处罚法》第104条。

问题214：经济上有困难的，可不可以申请免交罚款？

答：行政处罚是因当事人有违法行为而对当事人采取的一种处罚措施，不能因为当事人经济困难而免交罚款，但是如果当事人确有经济困难的，可以申请延期或者分期缴纳罚款的，如果行政机关批准的，罚款可以暂缓或者分期缴纳。

【法条依据】《中华人民共和国行政处罚法》第52条。

问题215：违反治安管理行为的可以调解吗？如果达成调解协议的可以不用处罚吗？

答：只有对因民间纠纷引起的打架斗殴或者损毁他人财物等违反治安管理行为，情节较轻的，公安机关可以调解处理。如果经公安机关调解，当事人达成协议的，不予处罚。但需要注意的是，如果经调解未达成协议或者达成协议后不履行的，公安机关还是应当依照法律规定对违反治安管理行为人给予处罚，而在违法行为中受到损害的当事人可以向人民法院起诉解决民事纠纷。

【法条依据】《中华人民共和国治安管理处罚法》第9条。

问题216：醉酒状态造成的违反治安管理的行为，可以免于处罚吗？

答：首先应当明确，醉酒的人违反治安管理的，应当给予处罚。同时，如果醉酒的人在醉酒状态中，对本人有危险或者对他人的人身、财产或者公共安全有威胁的，还应当对其采取保护性措施约束至酒醒。

因为醉酒的人在醉酒之前是清醒的，当事人明知道如果醉酒后自己的行为可能会不受控制，还放任自己醉酒行事，理应对自己的行为负责任。

【法条依据】《中华人民共和国治安管理处罚法》第15条。

问题217：哪些违反治安管理的行为应当减轻或者不予处罚？

答：违反治安管理有下列情形之一的，减轻处罚或者不予处罚：

(1)情节特别轻微的；

(2)主动消除或者减轻违法后果，并取得被侵害人谅解的；

(3)出于他人胁迫或者诱骗的；

(4)主动投案，向公安机关如实陈述自己的违法行为的；

(5)有立功表现的。

【法条依据】《中华人民共和国治安管理处罚法》第19条。

问题 218：聋哑人违反治安管理处罚法的，可以请求减轻处罚吗？

答：可以，盲人或者又聋又哑的人违反治安管理的，可以从轻、减轻或者不予处罚。但需要注意的是，必须是盲人或者又聋又哑的人，并且这里只是可以而不是应当。是否从轻、减轻或者不予处罚的需要公安机关综合违法行为来判断，如果违法行为情节严重或者后果很严重等，仍有可能不给予从轻、减轻或者不予处罚，如果符合从重处罚的还可能会从重处罚。

【法条依据】《中华人民共和国治安管理处罚法》第 14 条。

问题 219：违反治安管理的哪些情况将会被从重处罚？

答：违反治安管理有下列情形之一的，从重处罚：

(1)有较严重后果的；

(2)教唆、胁迫、诱骗他人违反治安管理的；

(3)对报案人、控告人、举报人、证人打击报复的；

(4)6 个月内曾受过治安管理处罚的。

【法条依据】《中华人民共和国治安管理处罚法》第 20 条。

问题 220：怀孕或者哺乳自己不满 1 周岁婴儿的期间违反治安管理而被给予行政拘留的，可以申请不予执行吗？

答：一般来说怀孕或者哺乳自己不满 1 周岁婴儿的期间行为人如有违反治安管理行为而应当给予行政拘留处罚的，不执行行政拘留处罚。即一般不需申请直接不执行行政拘留。这里主要是对行为人的一个人道主义考虑，比如已满 14 周岁不满 16 周岁的；已满 16 周岁不满 18 周岁，初次违反治安管理的；70 周岁以上的也同样不执行行政拘留。

【法条依据】《中华人民共和国治安管理处罚法》第 21 条。

问题 221:可不可以将房屋出租给没有身份证的人住?

答:不可以。按照法律规定房屋出租人将房屋出租给无身份证件的人居住的,或者不按规定登记承租人姓名、身份证件种类和号码的,处 200 元以上 500 元以下罚款。即出租房屋不仅应明确承租人有身份证,同时作为房东还应当将承租人的姓名、身份证件种类和号码等登记下来。

更需要注意的是,如果房屋出租人明知承租人利用出租房屋进行犯罪活动,不向公安机关报告的,也将会受到 200 元以上 500 元以下罚款;情节严重的,处 5 日以下拘留,可以并处 500 元以下罚款。

【法条依据】《中华人民共和国治安管理处罚法》第 57 条。

问题 222:违反治安管理行为人与执法人发生过矛盾,违法行为人可以要求更换相应的执法人员吗?

答:可以。因为如果办理治安案件的人民警察与行为人有过矛盾,很有可能会影响案件的公正。一般情况下,以下情况违反治安管理行为人、被侵害人或者其法定代理人有权要求人民警察回避,即要求更换办理案件的人民警察:

(1)是本案当事人或者当事人的近亲属的;

(2)本人或者其近亲属与本案有利害关系的;

(3)与本案当事人有其他关系,可能影响案件公正处理的。

当然,如果违反治安管理行为人、被侵害人或者其法定代理人没有申请回避,但办理治安案件的人民警察发现以上情况的,也应当回避。

【法条依据】《中华人民共和国治安管理处罚法》第 81 条。

问题 223:公安机关由于调查问题的需要,可以传唤违反治安管理秩序的人吗?传唤有哪些限制?

答:可以。传唤需要满足以下要件:

(1)需要使用传唤证传唤。对现场发现的违反治安管理行为人,人民警察经出示工作证件,也可以口头传唤,但应当在询问笔录中注明。

(2)当然传唤时需将原因和依据告知被传唤人。

(3)传唤后应当及时询问查证,询问查证的时间不得超过 8 小时;情况复杂,依照《治安管理处罚法》规定可能适用行政拘留处罚的,询问查证的时间不得超过 24 小时。

(4)公安机关应当及时将传唤的原因和处所通知被传唤人家属。

(5)询问笔录应当交被询问人核对;对没有阅读能力的,应当向其宣读。记载有遗漏或者差错的,被询问人可以提出补充或者更正。

(6)询问不满 16 周岁的违反治安管理行为人,应当通知其父母或者其他监护人到场。

【法条依据】《中华人民共和国治安管理处罚法》第 82—84 条。

第二章 行政救济

问题224:什么是行政复议?

答:我国的行政复议,是指行政机关根据上级行政机关对下级行政机关的监督权,在当事人的申请和参加下,按照行政复议程序对具体行政行为进行合法性和适当性审查,并作出裁决解决行政侵权争议的活动。我国现行的复议制度是作为行政诉讼的配套制度于1990年建立的。1990年12月24日国务院发布了行政复议条例,1994年10月9日国务院发布了关于修正该条例的决定。1999年4月第九届全国人大常委会第九次会议颁布了《行政复议法》,使行政复议脱离行政诉讼配套制度框架,建立起独立的国家行政复议制度。2007年5月国务院制定的《行政复议法实施条例》,对行政复议法的相关规定进行了细化,增加了这部法律的可操作性,进一步完善了现行行政复议制度。

问题225:哪些事项可以提起行政复议?

答:对公民、法人和其他组织合法权益造成侵害的具体行政行为,都可以在行政复议中受到审查。常见的侵权具体行政行为有:行政处罚、强制措施、许可行为、确认行为、侵犯经营自主权的行为、侵犯农业承包权的行为、违法要求履行义务的行为、不依法办理证照和给予许可的行为、不依法履行保护义务的行为、不依法发放抚恤金、社会保险金或者最低社会保障费的行为。

行政复议的申请人,在提起对具体行政行为进行复议的同时,可以对该具体行政行为所依据的行政规定,提出进行审查的请求。可以请求进行审查的行政规定,是指国务院部门的规定,县级以上地方各级人民政府及其工作部门的规定,乡镇人民政府的规定。

问题 226:对派出所作出的处罚不服时,应该在多长时间之内向谁提起复议?

答:《行政复议法》规定可以在 60 日内申请行政复议。申请期限应当从申请人知道作出该具体行政行为之日起算。①当场作出决定。行政机关当场作出具体行政行为的,自具体行政行为作出之日起计算。行政机关作出的具体行政行为的书面决定事后送达的,自送达日期之日起计算。②未制作、未送达决定书。行政机关作出具体行政行为,依法应当向有关公民、法人或者其他组织送达法律文书而未送达的,视为该公民、法人或者其他组织不知道该具体行政行为。

申请人既可以向设立该派出所的公安局提出,也可以向设立该派出所的同级人民政府申请行政复议。

问题 227:哪些案件可以向人民法院提起行政诉讼?

答:根据《行政诉讼法》第 11 条,人民法院应当予以受理的行政案件有:

(1)行政处罚案件。行政处罚是行政机关依法对违反行政管理秩序的公民、法人或者其他组织的惩戒。包括:

①人身罚。即以公民人身权的限制或者剥夺为内容的行政处罚。主要包括警告、通报批评和行政拘留三种。

②财产罚。即以剥夺或者限制公民的财产权为内容的行

政处罚,包括罚款、没收违法所得、没收非法财物。

③资格罚。即以剥夺或者限制公民从事特定行为的资格为内容的行政处罚。其主要形式是"吊销或者暂扣许可证和执照"。

④行为罚。即责令公民为或者不为一定行为的处罚形式,如"责令停产停业",即行政机关依法命令企业在一定的期限内停止生产经营活动。

(2)行政强制措施案件。行政强制措施是行政机关为了实现特定的行政管理目的,直接使用强制力限制公民人身权或者财产权的措施。

(3)侵犯法律规定的经营自主权案件。

(4)行政许可案件。行政许可是行政机关应行政相对人的申请,经审查后决定是否解除法律的一般禁止,并且允许其从事某种行为享有某种权利或者资格的行政行为。

(5)不履行法定职责案件。这是公民认为行政机关拒不履行保护人身权、财产权法定职责而引起的行政案件。

(6)抚恤金案件。抚恤金是指国家对公民发放的社会福利保障费用,除了狭义的抚恤金之外,还包括福利金、救济金等。

(7)违法要求履行义务案件。作为行政诉讼受案范围的列举情形,"违法要求履行义务"与其他情形存在交叉。所谓"违法要求履行义务"主要是指"三乱",即"乱罚款"、"乱摊派"、"乱收费"。其中,"乱罚款"属于行政处罚案件的情形,"乱摊派"和"乱收费"属于行政征收案件。

(8)其他侵犯人身权、财产权案件。

(9)法律、法规规定的其他行政案件。

《行政诉讼法》第11条第1款对属于受案范围的案件作了列举规定之后，第2款进而规定：除前款规定外，人民法院受理法律、法规规定可以提起诉讼的其他行政案件。根据该款规定，凡因行政机关行政活动涉及公民合法权益而形成的行政争议案件，即使行政诉讼法未作列举，只要其他法律、法规规定可以提起行政诉讼，都属于行政诉讼的受案范围，人民法院都应予以受理。这类案件的典型是侵犯人身权、财产权之外的其他合法权益的行政复议决定。根据《行政复议法》第6条的规定，可以起诉。

问题228：进行行政诉讼，应在多长时间之内提出？

答：《行政诉讼法》第39条规定，当事人直接向人民法院提起行政诉讼的，应当在知道作出具体行政行为之日起3个月内提出。根据《行政诉讼法》第38条第2款的规定，不服行政复议而起诉的一般期限为15日，即在收到复议决定书之日起15日内向人民法院提起诉讼；若复议机关逾期不作决定的，当事人可以在复议期满之日起15日内向人民法院提起诉讼。法律另有规定的，应当适用相关单行法律对提起诉讼期限的规定。行政诉讼的起诉期限从公民、法人或者其他组织知道行政机关作出具体行政行为之日起计算。

根据《行政诉讼法》的司法解释，在法律、法规、规章和其他规范性文件没有对行政机关履行法定职责的期限作出规定的情况下，公民、法人或者其他组织申请行政机关履行法定职责的，行政机关接到申请之日起60日内不履行的，公民、法人或者其他组织可以在60日届满后向人民法院提起诉讼。在法律、法规、规章和其他规范性文件对行政机关履行职责的期限有明确规定的情况下，公民、法人或者其他组织可以在规定的履行期限届满后向人民法院提起诉讼。但在紧急情况下，公民、法人或者其他组织请求行政机关履行保护人身权、财产权法定职责时，行政机关不履行的，起诉期限不受上述规定的限制，当事人可以立即起诉。

问题229：什么是国家赔偿？

答：国家赔偿是指国家对国家机关及其工作人员违法行使职权造成的损害给予受害人赔偿的活动。从立法内容上看，国家赔偿包括行政赔偿和司法赔偿两部分。行政赔偿是指行政机关及其工作人员在行使职权过程中违法侵犯公民、法人或其他组织的合法权益并造成损害，国家对此承担的赔偿责任。司法赔偿是指司法机关及其工作人员在行使侦查权、检察权、审判权和监狱管理职权时违法给无辜的公民、法人或者其他组织的生命、健康、自由和财产造成损害的，国家应当承担的赔偿责任。

问题230：派出所警察打村民，能够通过什么途径救济？

答：《国家赔偿法》第9条第2款规定：赔偿请求人要求赔偿应当先向赔偿义务机关提出，也可以在申请行政复议和提起行政诉讼时一并提出。对此，《行政复议法》第29条规定：申请人在申请行政复议时可以一并提出行政赔偿请求，行政复议机关对符合国家赔偿法的有关规定应当给予赔偿的，在决定撤销、变更具体行政行为或者确认具体行政行为违法时，应当同时决定被申请人依法给予赔偿。申请人在申请行政复议时没有提出行政赔偿请求的，行政复议机关在依法决定撤销或者变更罚款，撤销违法集资、没收财物、征收财物、摊派费用以及对财产的查封、扣押、冻结等具体行政行为时，应当同时责令被申请人返还财产，解除对财产的查封、扣押、冻结措施，或者赔偿相应的价款。所以，可以在申请行政复议的时候一并提出行政赔偿请求，或者在行政诉讼时一并提出。

此外，受害人也可以单独提出赔偿请求的，但应当首先向派出所提出，在它拒绝受理赔偿请求、在法定期限内不作出决定的时候，受害人可以提起行政诉讼。

问题 231：如果被错误拘留或者逮捕，能够要求国家赔偿吗？

答：如果被错误拘留或者逮捕，可以要求国家赔偿，而且这种赔偿是刑事司法赔偿。根据我国《国家赔偿法》第 15 条规定，行使侦查、检察、审判、监狱管理职权的机关及其工作人员在行使职权时有下列侵犯人身权情形之一的，受害人有取得赔偿的权利：①没有犯罪事实或者没有事实证明有犯罪重大嫌疑的人错误拘留的；②对没有犯罪事实的人错误逮捕的；③依照审判监督程序再审改判无罪，原判刑罚已经执行的；④刑讯逼供或者以殴打等暴力行为或者唆使他人以殴打等暴力行为造成公民身体伤害或者死亡的；⑤违法使用武器、警械造成公民身体伤害或者死亡的。根据本条规定，我国刑事赔偿范围中侵犯人身权的赔偿限于侵犯公民人身自由权和生命健康权。

问题 232：哪些人可以请求国家给予司法赔偿？

答：《国家赔偿法》第 18 条和第 6 条规定，可以认为民事、行政诉讼中的国家赔偿请求人也可依照国家赔偿法关于行政赔偿请求人的规定确定。具体地说:受害的公民、法人或者其他组织有权要求赔偿;受害的公民死亡的,其继承人和其他有扶养关系的亲属有权要求赔偿;受害的法人或者其他组织终止的,承受其权利的法人或者其他组织有权要求赔偿。

第三章 村民自治

问题 233:村民委员会选举应遵循哪些原则?

答:根据《宪法》和《村委会组织法》的规定,村委会选举的基本原则主要有:普遍、平等、直接、差额、竞争和秘密投票六项原则。

(1)普遍选举权原则。普遍选举权原则,又称"普选权"原则。它是就享有选举权的主体范围而言的,凡达到法定年龄、法律无限制规定的公民,既年满 18 岁、未被依法剥夺政治权利的村民,均享有选举权和被选举权,而不受民族、种族、性别、职业、家庭出身、宗教信仰、教育程度、财产状况、居住期限等的限制。

(2)平等选举权原则。它是就享有选举权的主体实现权利的效力而言的,凡被确认为选民的村民在平等的基础上参加选举,不允许任何人享有特权,即所有选民在一次选举中只能投一张选票、一人一票,而且所有选票的效力完全相等。

(3)直接选举原则。直接选举是相对间接选举而言。村委会的直接选举,是指享有选举权利的村民,直接投票选举村民委员会主任、副主任和委员。要坚决纠正由户代表选举和由村民代表选举，或者先选村民委员会委员，然后在委员中实行分工等错误做法。

(4)差额选举原则。差额选举是相对等额选举而言的，是指候选人的名额多于应选人名额的选举。村民委员会实行的差额选举，其主任、副主任、委员三种职务，都应差额，不得混在一起差额，必要时可以分层次投票，其目的在于，村民有挑选的余地，选举自己最满意的人。

(5)竞争选举原则。所谓竞争选举，是指候选人或竞选人之间为了争取村民信任而主动采取的自我宣传、自我表现、主动承诺和相互竞争的活动。但是，这种活动是在村民选举委员会组织下进行的，在村民选举委员会向村民介绍候选人情况的同时，也允许候选人宣讲自己的治村方案和当选后的打算。它的优点在于能使村民进一步全面了解候选人的情况，提高选举质量。

(6)选举权秘密原则。选举权秘密原则，也称无记名投票原则。它是相对"记名投票"而言的。秘密的无记名投票，选民的投票指向只有自己知道。这样可以免除选民的思想顾虑，把自己的真实选择表达出来。村民委员会选举实行的就是秘密的无记名投票。

在村民委员会选举中，只要坚持了这六项原则，村民委员会的选举就一定能体现出民主选举的精神，对扩大农村基层民主无疑将起到推动作用。

问题234：选举中的违法行为有哪些？如何认定？

答：村委会选举中的违法行为，是指有关组织或个人，违法法律、法规的规定，侵犯选民的选举权利，妨害和破坏村委会选举的行为。

选举中的违法行为，从性质上主要分为违反选举程序的行为和扰乱、破坏选举工作的行为两种类型。认定机关是县（市、区）人民代表大会常务委员会及其授权部门。

（1）违反选举程序行为的认定。违反选举程序的行为，是指有关组织或个人，因违法而导致操作不规范、程序不合法的行为。其主体既可以是有关组织，如选举领导机构、组织机构等。也可以是公民个人，如有关组织的工作人员、村民等。违反选举程序包括故意和工作失误。

违反选举程序的行为，主要包括以下几种情况：

①违背直接、差额、无记名的选举原则；

②选民数、投票数及当选票数的计算不合法、不准确；

③有候选人的选举候选人未依法产生；

④投票选举未依照法定程序进行。

（2）扰乱、破坏选举行为的认定。扰乱、破坏选举，是指以威胁、贿赂、伪造选票、打击报复等不正当手段，妨害村民行使选举权和被选举权，公开对抗选举，破坏选举的行为，其主体包括组织和个人，在主观上必须由故意构成，即行为人具有破坏选举或妨害村民行使选举权利，以达到非法意图的目的。

扰乱、破坏选举行为主要有以下几种：

①以威胁、贿赂、伪造选票等不正当手段干扰正常选举，妨害村民行使选举权和被选举权，破坏村民委员会选举的。

所谓威胁，是指以给选民的生命健康、荣誉、名誉、财产造成损害为要挟，迫使其作出违背真实意愿的表示。威胁，可能是肉体上的，如伤害生命、健康；可能是精神上的，如散布谣言、诽谤名誉、揭发隐私；也可能是财产方面的，如损坏财产。

选民由于受到威胁，而不能表达自己真实的想法，独立地行使选举权利。

贿赂，是指为达到使自己或跟自己同派系的人当选目的而用财物收买某些工作人员或选民的行为。其表现形式一种是贿赂选举领导、组织机构的工作人员，使他们在选举中作弊，以达到自己的非法目的；一种是贿赂一般选民。

伪造选票，指仿照选票的形状、格式制作假选票，以假充真的行为。

②违反《村委会组织法》不组织选举，擅自变更村委会成员候选人或指定、委派、撤换村民委员会成员。有的组织或个人故意拖延或干扰选举；有的在选举中，画圈圈，定调子，搞指选、派选，进行“暗箱操作”，强奸民意的违法行为。

③对检举村委会选举中违法行为和要求罢免村委会成员的村民实行打击报复的。

④破坏村委会选举的其他违法行为。指除上述行为外的违法行为。如在选举中起哄、闹事、撕毁选票、毁坏票箱、打砸会场的，或利用非法宗教、宗派、帮派势力干扰选举的正常进行，或伪造选举文件、选民证的等。

⑤选举结束后上一届村委会拒不移交影响新一届村委会正常开展工作的。

问题 235：选举中的违法行为，该如何处理？

答：选举中的违法行为，直接破坏了选举工作的顺利进行，有的甚至使选举结果无效。因此，对其处理，可分为两个方面：一是对无效选举的处理；二是对实施违法行为的有关组织或个人的处理。

(1)对无效选举的处理。无效选举是指在选举中因程度违法而造成选举结果无效的选举。无效选举包括选举整体无效和选举部分无效两种情况。选举整体无效是指因程序违法而使本次选举整体无效即全部当选人当选无效;选举部分无效,是指选举中个别当选人以威胁、贿赂、伪造选票等不正手段当选的,其当选无效。

无效选举的认定机构是县(市、区)人大常委会。

无效选举的处理办法有两种:一种是局部处理,即在选举过程中,因某环节违法或失误造成的选举无效,可通过纠正相关的违法或失误环节,确保整个选举有效;另一种是推倒重来,即严重违法选举的重要程序且无法局部纠正的,只能重新选举。重新选举就是重新进行选民登记,重新确定候选人,重新投票选举。重新选举不得按另行选举处理。

(2)对实施违法行为的行为人的处理。对选举中的违法行为人,应视其主观过错程度、具体情况和造成的危害后果,依法进行处理。

违反选举程序的行为,如属于工作人员失误造成的,一经发现,有关机关应对行为人进行批评教育,纠正失误。如属故意违反,情节严重的,村民有权向上级村民委员会换届选举工作机构或乡镇人民代表大会和人民政府举报,并由受理单位提出处理意见。对于承担组织选举工作的村民选举委员会成员或其他工作人员,可由上级选举工作机构终止其承担的工作职务。对于故意扰乱、破坏选举,构成违反治安管理条例行为的,由公安机关依法给予处罚;对构成犯罪的,由司法机关依法追究刑事责任。对选举违法行为人的处理要严按照《选举办法》的相关规定执行。

问题 236：村民选举委员会成立后，上一届村委会是否可以停止工作？

答：在村委会换届选举开始时，各村都依法成立村民选举委员会，负责换届选举有关事宜，履行职责至新一届村委会产生并办理交接手续后止。在这期间，上一届村委会原则上没有停止工作，应当继续履行其除换届选举以外的相关职责。但一般不宜再搞新的活动。

问题 237：村党支部书记是否可以兼任村民委员会主任？

答：村党支部书记只要是本村选民，又具备村委会成员的任职条件，可以兼任村委会主任，而且提倡这样做。但必须按照法定的选举程序，由全体选民直接选举产生。不得由乡（镇）党政组织指定村支部书记兼任村主任，也不得将其直接定为正式候选人进行选举。

问题 238：村委会成员由 3—7 人组成，可否为偶数？具体职数由谁确定？

答：根据《村委会组织法》规定，结合实际，《选举办法》第 3 条规定：村民委员会由主任、副主任和委员共 3—7 人的单数组成，其成员的具体数额由村民会议或村民代表会议根据本村的实际情况决定。一般可先由乡（镇）人民政府根据村规模的大小、村民委员会承担的工作任务和有利于减轻农民负担的原则等提出建议，但最后应由村民会议或村民代表会议决定。

问题 239:公民和选民有何区别?

答:公民和选民都是法律概念。在我国,不分男女老少,凡具有中华人民共和国国籍的人都是中国公民。而选民则是根据法律规定享有选举权和被选举权的公民。在我国,凡年满 18 周岁又没有被依法剥夺政治权利的公民都是选民。对一个村来说,除依法剥夺政治权利的人外,只要是年满 18 周岁的本村村民,不分宗教信仰、教育程度、财产状况和居住期限,都有选举权和被选举权,都是本村选民。

问题 240:因婚姻、家庭等关系定居本村但户口未迁入的,是否要进行选民登记?

答:因结婚在配偶所在地的村居住但户口未迁入的,本人要求在居住的村参加选举的,由户籍所在村出具选民资格证明,并证明未在户籍所在村登记的,经村民选举委员会确认,可以进行选民登记。

问题 241:精神病患者是否要进行选民登记?

答:精神病患者通常有两种:一种是间歇性的,一种是经常处于失去辨认或控制自己行为能力的。对于间歇性的精神病患者,具有选民资格的,应列入选民名单,有选举权和被选举权。若投票选举时,精神病发作的患者,应视为暂不能行使投票的权利;对于经常性精神病患者,要征得家属同意,群众公认,经村民选举委员会认可,可不列入选民名单。

问题 242:痴、呆、傻人员是否要进行选民登记?

答:一般痴、呆、傻人员只是反应迟钝,还能行使自己的民主权利的,应当列入选民名单;对于无法表达自己意志的重度痴、呆、傻人员，征得家属同意，群众公认，经村民选举委员会认可，可不列入选民名单。

问题 243：被依法判处有期徒刑、拘役、管制的犯罪分子是否要进行选民登记？

答：被依法判处有期徒刑、拘役、管制的犯罪分子而没有附加剥夺政治权利的，应当进行选民登记。但对一些犯罪分子有关司法部门已经决定限制其行为，而暂时停止其行使选举权利的，可不进行选民登记。

问题 244：被羁押正在受侦查、起诉、审判的村民是否要进行选民登记？

答：被羁押正在受侦查、起诉、审判的人经人民检察院或人民法院决定在羁押期间停止行使选举权利的，不进行选民登记；人民检察院或人民法院没有决定停止行使选举权利的，应当进行选民登记。

问题 245：被宣告缓刑、假释的犯罪分子是否要进行选民登记？

答：根据我国《刑法》有关规定，被宣告缓刑、假释的犯罪分子，如果判处附加剥夺政治权利的，则不享有选举权利而不进行选民登记；没有被判处附加剥夺政治权利的则享有选举权而应进行选民登记。

问题 246：监外执行和保外就医的犯罪分子是否要进行选民登记？

答：根据我国《宪法》关于年满 18 周岁的公民，除依法剥夺政治权利的人都有选举权利的规定，监外执行和保外就医的犯罪分子，只要没有被剥夺政治权利，就享有选举权利而应当进行选民登记。

问题 247：选民提出的候选人，本人不愿意接受提名怎么办？

答：由选民提出的候选人名单公布后，如果本人不愿意被提名，村民选举委员会应该做好被提名人的思想工作，劝其尊重选民意见，保留候选人名单；如劝说无效，本人执意不当村委会干部，应当尊重本人意愿，向选民说明不列入候选人名单的原因。

问题 248：候选人或竞选人能否张贴竞选演讲词或发表竞选演讲？

答：为了使候选人或竞选人有宣传自己主张的机会，防止不正当竞争，抵制家族、宗族关系在选举中的干扰，经村民选举委员会同意，要以设置专栏统一张贴候选人或竞选人的演讲词。在正式投票前可以组织村委会主任、副主任候选人或竞选人发表符合法律法规的竞选演讲，甚至组织公开答辩，让候选人或竞选人直接回答村民的提问，光明正大地进行竞选。但对演讲词要事先经村民选举委员会依法进行审核，不得有违背党和国家法律、法规、政策和攻击他人、虚假承诺的内容。

问题 249：乡镇政府、村党支部能否指定、委派或者撤换村民委员会成员？

答：不能。根据《村民委员会组织法》的规定，任何组织或者个人不得指定、委派或者撤销村民委员会成员。村民委员会成员只能由村民委员会直接选举产生，任何组织和个人都无权指定、委派或者撤换，也不能干预村民选举或者暗示村民投票。

对指定、委派或者撤换村民委员会的行为，由行为人的所在单位或者上级机关予以纠正，并追究行为人的行政责任。针对指定、委派或者撤换村民委员会成员的违法行为，对行为人施以纪律处分等制裁是惩罚性手段。行为人要对自己的违法行为承担相应的法律后果；同时，处罚并不是目的，目的是为了恢复合法的选举状态，即撤销指定、委派的决定，恢复被撤销的村民委员会成员的职务。这是行为人的所在单位或者上级机关应当履行的法定职责，有关单位不得推诿、拖延。

【法条依据】《中华人民共和国村民委员会组织法》第11条。

问题250：如何罢免村民委员会成员？

答：《中华人民共和国村民委员会组织法》第16条规定，本村1/5以上有选举权的村民联名，可以要求罢免村民委员会成员。罢免要求应当提出罢免理由。被提出罢免的村民委员会成员有权提出申辩意见。村民委员会应当及时召开村民会议，投票表决罢免要求。罢免村民委员会成员须经有选举权的村民过半数通过。

问题251：村民委员会和村经济组织是什么关系？

答：村民委员会和村经济组织的关系法律上没有明确规定。村民委员会是群众性自治组织，它的职能主要是村务活动，村经济组织是合作性的经济组织，它的职能主要是具体组织、协调村经济工作。《中华人民共和国村民委员会组织法》规定："村民委员会应当支持和组织村民发展生产、供销、信用、消费等各种形式的合作经济，承担本村生产的服务和协调工作”；“村民委员会应当尊重集体经济组织依照法律规定进行经济活动的自主权，维护集体经济组织和村民、承包经营户、联户或者合伙的合法的财产权和其他合法的权利和利益”。从实际情况看，村民委员会与村经济组织的关系一般是领导与被领导的关系，前者领导后者。

问题252：村委会的职责是什么？

答：村民委员会对本村有政治、社会、经济、文化的管理职能，根据《宪法》、《村民委员会组织法》等法律规定，村民委员会作为村民实行自治的工作机构和执行机构，其职责主要有：

(1)办理本村的公共事务和公益事业，调解民间纠纷，协助维护社会治安，向人民政府反映村民的意见、要求和提出建议；

(2)协助乡、民族乡、镇的人民政府开展工作；

(3)支持和组织村民依法发展各种形式的合作经济和其他经济，承担本村生产的服务和协调工作，促进农村生产建设和社会主义市场经济的发展；

(4)尊重集体经济组织依法独立进行经济活动的自主权，维护以家庭承包经营为基础、统分结合的双层经营体制，保障集体经济组织和村民、承包经营户、联户或者合伙的合法的财产权和其他合法的权利和利益；

(5)依照法律规定，管理本村属于村农民集体所有的土地和其他财产，教育村民合理利用自然资源，保护和改善生态环境；

(6)宣传宪法、法律、法规和国家的政策，教育和推动村民履行法律规定的义务，爱护公共财务，维护村民的合法的权利和利益，发展文化教育，普及科技知识，促进村和村之间的团结、互助，开展多种形式的社会主义精神文明建设活动；

(7)多民族村民居住的村，村民委员会应当教育和引导村民加强民族团结、互相尊重、互相帮助；

(8)向村民会议或者村民代表会议报告工作并接受评议，执行村民会议和村民代表会议的决议、决定；

(9)召集村民会议和村民代表会议；

(10)设立村务公开栏，及时真实公布涉及村民利益和村民普遍关心的事项；

(11)就村务公开内容接受村民村务公开监督小组的监督、检查，并接受村民的查询；

(12)遵守宪法、法律、法规和国家的政策，办事公道，廉洁奉公，热心为村民服务；

(13)根据需要设立人民调解、治安保卫、公共卫生等委员会；

(14)协助有关部门对被依法剥夺政治权利的村民进行教育、帮助和监督；

(15)法律、法规规定的其他职责。

问题 253：什么是村民会议？哪些事项是属于必须经村民会议讨论决定，村委会才可办理的事项？

答：村民会议是村民集体讨论决定涉及全村村民利益问题的一种组织形式，是村民行使自治权的根本途径和形式。村民会议由本村 18 周岁以上的村民组成。

村民会议由村民委员会召集。有 1/10 以上的村民提议，应当召集村民会议。

涉及村民利益的下列事项，村民委员会必须提请村民会议讨论决定，方可办理：

(1)乡统筹的收缴方法，村提留的收缴及使用；

(2)本村享受误工补贴的人数及补贴标准；

(3)从村集体经济所得收益的使用；

(4)村办学校、村建道路等村公益事业的经费筹集方案；

(5)村集体经济项目的立项、承包方案及村公益事业的建设承包方案；

(6)村民的承包经营方案；

(7)宅基地的使用方案；

(8)村民会议认为应当由村民会议讨论决定的涉及村民利益的其他事项。

第四章 劳动法与劳动合同法

问题254：法律对于工作时间是怎么规定的？

答：根据《劳动法》的相关规定，国家实行劳动者每日工作时间不超过8小时，平均每周工作不超过44小时的工时制度。

用人单位由于生产经营需要，经与工会和劳动者协商后可以延长工作时间，但是一般每天不得超过1小时；因特殊原因需要延长工作时间的，在保障劳动者身体健康的条件下，延长工作时间每天不得超过3小时，但是每月不得超过36小时。

问题255：法律对于休息时间是怎么规定的？

答：用人单位应当保证劳动者每周至少休息1日。但是因企业生产特点不能实行的,经劳动行政部门批准,可以实行其他的工作和休息办法。

劳动者连续工作1年的,享受带薪休假的权利。

用人单位在下列节日期间应当依法安排劳动者休假:元旦、春节、劳动节、国庆节以及法律法规规定的其他休假日。

女职工生育享受至少不少于90天的产假。

问题256:劳动者的加班工资应当怎么计算?

答:安排劳动者延长工作时间的,支付不低于150%的工资报酬。

休息日安排劳动者工作又不能安排补休的,支付不低于200%的工资报酬。

法定休假日安排劳动者工作的,支付不低于300%的工资报酬。而且法定休假日不能以安排补休为补偿,而休息日则可以安排补休而不支付加班工资。

问题257:最低工资是否包括加班加点工资?

答:用人单位把职工的加班加点工资按最低工资支付,是对国家有关工资支付政策的错误理解,也是对劳动者劳动权利和工资权利的侵犯。原劳动部《工资支付暂行规定》(劳部发〔1994〕489号)第13条规定,用人单位在劳动者完成劳动定额或规定的工作任务后,根据实际需要安排劳动者在法定标准工作时间以外工作的,应分别按150%、200%、300%支付劳动者的工资。因此,加班加点工资是在法定标准工作时间以外劳动者所从事的劳动而支付的报酬。

为了避免出现由于支付工资不当给劳动者带来损失,用人单位在支付劳动者工资时,应当按照工资支付规定,向劳动者提供一份个人的工资清单，列明所支付的工资项目，使劳动者知道自己所领取的工资报酬哪些是基本工资，哪些是奖金、补贴，哪些是加班加点工资，防止出现只向劳动者提供工资数额，而隐藏着低于最低工资标准支付劳动者工资的问题发生。

问题 258：未签订书面劳动合同，劳动者可以要求什么样的待遇？

答：《劳动合同法》第 10 条第 2 款规定，已经建立劳动关系，未同时订立书面劳动合同的，应当自用工之日起 1 个月内订立书面劳动合同。这里的一个月我们俗称为“宽限期”。

从第 2 个月到第 12 个月内订立书面劳动合同的，用人单位应当向劳动者每月支付两倍的工资。从第 12 个月开始，视为与劳动者订立了无固定期限劳动合同，不再支付两倍的工资。劳动合同到期后未续签劳动合同，劳动者继续为用人单位提供劳动的，按照上述规定执行。

在一个月的“宽限期”内，法律对于用人单位终止劳动关系作出了规定。根据《劳动合同法实施条例》第 5 条的规定，在一个月的“宽限期”内，如果劳动者不与用人单位签订书面劳动合同的，用人单位可以终止劳动关系，且无须支付经济补偿。

问题 259：未成年人可以签订劳动合同吗？

答：未满 16 周岁的人，一般不得成为《劳动法》所规定的劳动者，不得签订劳动合同。但在特殊情形下，未满 16 周岁的人，可以以劳动者身份与文艺、体育和特殊工艺单位签订劳动合同，但必须依照国家法律规定，履行审批手续，并保障劳动者接受义务教育的权利。

年满16周岁未满18周岁的未成年人不得从事矿山井下、有毒有害、国家规定的第四级体力劳动强度的劳动和其他禁忌从事的劳动，并不得同他们签订与这些劳动相关的劳动合同。

问题260：在劳动保护方面，法律对女职工有什么特别规定？

答：在劳动保护方面，法律对女职工的特别规定包括：

(1)不得在女职工怀孕期、产期、哺乳期降低其基本工资，或者解除劳动合同；

(2)禁止安排女职工从事矿山井下、国家规定的第四级体力劳动强度的劳动和其他女职工禁忌从事的劳动；

(3)女职工在月经期间，所在单位不得安排其从事高空、低温、冷水和国家规定的第三级体力劳动强度的劳动；

(4)女职工在怀孕期间，所在单位不得安排其从事国家规定的第三级体力劳动强度的劳动和孕期禁忌从事的劳动。不得在正常劳动日以外延长劳动时间；对不能胜任原劳动的，应当根据医务部门的证明，予以减轻劳动量或者安排其他劳动。

怀孕7个月以上(含7个月)的女职工，一般不得安排其从事夜班劳动；在劳动时间内应当安排一定的休息时间。怀孕的女职工，在劳动时间内进行产前检查，应当算作劳动时间。

问题261：订立劳动合同应该注意哪些方面？

答：订立劳动合同应注意以下方面：

(1)订立前的知情权。劳动者在订立劳动合同前，有权了解与用人单位相关的规章制度、劳动条件、劳动报酬等情况，用人单位应当如实说明。用人单位在招用劳动者时，有权了解劳动者健康状况、知识技能和工作经历等情况，劳动者应当如实说明。

（2）劳动合同的文本与文字。劳动合同文本可以由用人单位提供，也可以由用人单位与劳动者共同拟订。由用人单位提供的合同文本，应当遵循公平原则，不得损害劳动者的合法权益。劳动合同应当用中文书写，也可以同时用外文书写，双方当事人另有约定的，从其约定。同时用中、外文书写的劳动合同文本，内容不一致的，以中文劳动合同文本为准。劳动合同一式两份，当事人各执一份。

（3）劳动合同的主要条款。

（4）劳动合同的期限。劳动合同的期限分为有固定期限、无固定期限和以完成一定的工作为期限。劳动合同期限由用人单位和劳动者协商确定。

（5）劳动合同的生效日期。劳动合同自双方当事人签字之日起生效，当事人对生效的期限或者条件有约定的，从其约定。

（6）劳动合同的试用期。

（7）劳动合同的服务期。

（8）商业秘密保护。劳动合同当事人可以在劳动合同中约定保密条款或者单独签订保密协议。

（9）竞业限制。

（10）劳动合同的违约金。

（11）劳动条件和劳动报酬标准。劳动合同约定的劳动条件和劳动报酬等标准，不得低于集体合同的规定；低于集体合同规定的，适用集体合同的规定。

问题 262：劳动合同的主要条款有哪些？

答：劳动合同应当具备以下条款：①用人单位的名称、住所和法定代表人或者主要负责人；②劳动者的姓名、住址和居民身份证或者其他有效身份证件号码；③劳动合同期限；④工作内容和工作地点；⑤工作时间和休息休假；⑥劳动报酬；⑦社会保险；⑧劳动保护、劳动条件和职业危害防护；⑨法律、法规规定应当纳入劳动合同的其他事项。

劳动合同除前款规定的必备条款外，用人单位与劳动者可以约定试用期、培训、保守秘密、补充保险和福利待遇等其他事项。

问题 263：劳动合同的违约金是怎么规定的？

答：违约金数额应当遵循公平、合理的原则约定。违约金数额、承担责任和支付办法应由双方当事人按照公平、合理的原则在劳动合同中约定。劳动者违反约定的，应当承担违约责任。双方当事人约定的违约金数额高于因劳动者违约给用人单位造成实际损失的，劳动者应当按双方约定承担违约金；约定的违约金数额低于实际损失，用人单位请求赔偿的，劳动者应按实际损失赔偿。约定的违约金数额畸高的，当事人可以要求适当减少。双方当事人因违约金发生争议的，可以按劳动争议处理程序解决。

问题 264：劳动合同必须有试用期吗？

答：劳动合同当事人可以约定试用期，但不是必须约定。根据我国法律的规定，劳动合同期限 3 个月以上不满 1 年的，试用期不得超过 1 个月；劳动合同期限 1 年以上不满 3 年的，试用期不得超过 2 个月；3 年以上固定期限和无固定期限的劳动合同,试用期不得超过6个月。

同一用人单位与同一劳动者只能约定一次试用期。

以完成一定工作任务为期限的劳动合同或者劳动合同期限不满3个月的,不得约定试用期。

另外,值得注意的是:劳动者在试用期的工资不得低于本单位相同岗位最低档工资或者劳动合同约定工资的80%,并不得低于用人单位所在地的最低工资标准。

问题265:解除劳动合同,怎么证明员工不符合录用条件?

答:《劳动合同法》第39条规定:"在试用期间被证明不符合录用条件的,用人单位可以解除劳动合同。"根据此条规定,用人单位以劳动者试用期不符合录用条件为由解除劳动合同的前提条件,是劳动者处于试用期内。如果不符合这个前提条件,那么用人单位不能以此为由解除劳动合同。

从另一方面考虑,用人单位对劳动者试用期满是否转正问题并无批准权,换句话说,当试用期履行届满后,无论用人单位是否为劳动者办理转正手续,劳动者均已进入正式录用期,既然已处于劳动合同期,解除依据当须依照劳动合同期应当遵守的相关规定办理。

根据《劳动合同法》第39条之规定,劳动者在试用期间被证明不符合录用条件,用人单位可以解除劳动合同。对于劳动者在试用期间不符合录用条件的,用人单位必须提供充分、有效证据证明。如果不能提供,即便劳动者确实不符合录用条件,用人单位解除劳动合同也会被劳动仲裁或法院裁决撤销。

问题 266:劳动合同的服务期限可以比劳动合同的期限长吗?

答:劳动合同的服务期限可以比劳动合同的期限长。劳动合同当事人可以对由用人单位出资招用、培训或者提供其他特殊待遇的劳动者的服务期作出约定。约定的服务期限长于劳动合同期限的,劳动合同期满由用人单位终止合同的,不得追索劳动者服务期的赔偿责任。劳动合同期满用人单位要求劳动者继续履行服务期的,双方当事人应当续订劳动合同,对服务期的履行方式双方有约定的,从其约定。劳动者违反服务期约定的,应当承担违约责任。

问题 267:辞职以后能否马上从事相同或者类似行业呢?

答:一般工作人员是可以的,但是高级管理人员、高级技术人员和其他负有保密义务的人员则不能。法律上将约定有关职工在离职以后一定期限内不得到生产同类产品或经营同类业务且具有竞争关系或其他利害关系的单位内任职,或不得自己生产经营与原单位有竞争关系的类似产品或业务的协议,称为竞业禁止协议。竞业禁止包括在职竞业禁止和离职竞业禁止,在职竞业禁止无需特别约定即为职工应负的义务,而离职竞业禁止则需要特别的约定,并且用人单位必须为此而向职工支付一定的补偿。

竞业限制的人员限于用人单位的高级管理人员、高级技术人员和其他负有保密义务的人员。竞业限制的范围、地域、期限由用人单位与劳动者约定,竞业限制的约定不得违反法律、法规的规定。

在解除或者终止劳动合同后，前款规定的人员到与本单位生产或者经营同类产品、从事同类业务的有竞争关系的其他用人单位，或者自己开业生产或者经营同类产品、从事同类业务的竞业限制期限，不得超过两年。

双方当事人可以在劳动合同或保密协议中约定劳动者在一定的期限内不得到有竞业限制的用人单位任职，劳动者违反竞业限制约定的，应当按约定的违约金承担违约责任。

问题268：以"在试用期间被证明不符合录用条件"为由解除劳动合同，应满足哪些条件？

答：解除劳动合同应满足以下四个条件：①用人单位对录用岗位制订了明确的录用条件（如劳动者年龄、文化程度、身体状况、思想品德、技术业务水平、户籍关系等）；②劳动者不符合用人单位规定的录用条件；③用人单位有证据证明劳动者不符合录用条件；④用人单位作出解除劳动合同的时间在劳动者试用期内。

以上四个要件环环相扣，缺一不可。以试用期不符合录用条件为由解除劳动合同，用人单位一定要在试用期内对劳动者进行考核、评价，并在试用期内作出解除合同决定。

问题269：什么样的劳动合同无效？

答：这些劳动合同都是无效或者部分无效：①以欺诈、胁迫的手段或者乘人之危，使对方在违背真实意思的情况下订立或者变更劳动合同的；②用人单位免除自己的法定责任、排除劳动者权利的；③违反法律、行政法规强制性规定的。

对劳动合同的无效或者部分无效有争议的，由劳动争议仲裁机构或者人民法院确认。即使劳动合同被确认无效，但劳动者已付出劳动的，用人单位应当向劳动者支付劳动报酬。劳动报酬的数额，参照本单位相同或者相近岗位劳动者的劳动报酬确定。

劳动合同部分无效，不影响其他部分效力的，其他部分仍然有效。

问题270：用人单位变更名称或者主要负责人，劳动合同还有效吗？

答：这种情况下，劳动合同依然有效。我国《劳动合同法》规定，用人单位变更名称、法定代表人、主要负责人或者投资人等事项，不影响劳动合同的履行。即使用人单位发生合并或者分立等情况，原劳动合同继续有效，劳动合同由承继其权利和义务的用人单位继续履行。

问题271：劳动合同期满后终止，用人单位还要支付经济补偿吗？

答：不需支付。根据《劳动法》第23条规定，劳动合同期满或者当事人约定的劳动合同终止条件出现，劳动合同即行终止。劳动合同双方当事人的劳动关系也随之消灭，双方均不再对另一方承担任何义务，当然也就无需作任何支付。并且，《劳动法》第28条关于经济补偿的规定也没有包括第23条的情形。

问题272：什么样的情形下，劳动者可以解除劳动合同？

答：用人单位有下列情形之一的，劳动者可以解除劳动合同：①未按照劳动合同约定提供劳动保护或者劳动条件的；②未及时足额支付劳动报酬的；③未依法为劳动者缴纳社会保险费的；④用人单位的规章制度违反法律、法规的规定，损害劳动者权益的；⑤因《劳动合同法》第26条第1款规定的情形致使劳动合同无效的，即以欺诈、胁迫的手段或者乘人之危，使对方在违背真实意思的情况下订立或者变更劳动合同的；⑥法律、行政法规规定劳动者可以解除劳动合同的其他情形。

用人单位以暴力、威胁或者非法限制人身自由的手段强迫劳动者劳动的，或者用人单位违章指挥、强令冒险作业危及劳动者人身安全的，劳动者可以立即解除劳动合同，不需事先告知用人单位。

问题273：什么样的情形下，用人单位可以解除劳动合同？

答：劳动者有下列情形之一的，用人单位可以解除劳动合同：①在试用期间被证明不符合录用条件的；②严重违反用人单位的规章制度的；③严重失职，营私舞弊，给用人单位造成重大损害的；④劳动者同时与其他用人单位建立劳动关系，对完成本单位的工作任务造成严重影响，或者经用人单位提出，拒不改正的；⑤因《劳动合同法》第26条第1款第1项规定的情形致使劳动合同无效的，即以欺诈、胁迫的手段或者乘人之危，使对方在违背真实意思的情况下订立或者变更劳动合同的；⑥被依法追究刑事责任的。

用人单位单方解除劳动合同，应当事先将理由通知工会。用人单位违反法律、行政法规规定或者劳动合同约定的，工会有权要求用人单位纠正。用人单位应当研究工会的意见，并将处理结果书面通知工会。

问题 274:什么样的情况下,用人单位提前 30 日以书面形式通知劳动者本人或者额外支付劳动者一个月工资后,可以解除劳动合同?

答:有下列情形之一的,用人单位提前 30 日以书面形式通知劳动者本人或者额外支付劳动者一个月工资后,可以解除劳动合同:①劳动者患病或者非因工负伤,在规定的医疗期满后不能从事原工作,也不能从事由用人单位另行安排的工作的;②劳动者不能胜任工作,经过培训或者调整工作岗位,仍不能胜任工作的;③劳动合同订立时所依据的客观情况发生重大变化,致使劳动合同无法履行,经用人单位与劳动者协商,未能就变更劳动合同内容达成协议的。

但用人单位应当事先将理由通知工会。用人单位违反法律、行政法规规定或者劳动合同约定的,工会有权要求用人单位纠正。用人单位应当研究工会的意见,并将处理结果书面通知工会。

问题 275:劳动争议的解决途径有哪些?

答:依现行劳动法律规定劳动争议发生后,企业可通过下列途径请求解决:

(1)协商解决。企业和职工双方在自愿的前提下,尊重事实,明辨是非,依据法律并充分考虑对方利益的情况下,通过谈判、磋商,在双方达成共识的基础上解决纠纷的形式。

(2)劳动争议调解委员会调解。由第三者居中调解,促使企业和职工互谅互让,从而解决纠纷的活动。

(3)仲裁。劳动争议仲裁委员会依法受理并经仲裁庭合议裁决的活动。劳动争议必经程序或称劳动争议前置程序。

（4）诉讼。人民法院依据劳动法规审理劳动争议案件的活动。但提起诉讼之前必须经劳动争议仲裁委员会的仲裁。

问题276：被劳动派遣时，劳动者应注意哪些问题？

答：被派遣劳动时，劳动者应注意以下几个问题：

（1）劳务派遣单位是《劳动合同法》所称用人单位，应当履行用人单位对劳动者的义务。劳务派遣单位与被派遣劳动者订立的劳动合同，除应当载明普通劳动合同规定的事项外，还应当载明被派遣劳动者的用工单位以及派遣期限、工作岗位等情况。

（2）劳务派遣单位应当与被派遣劳动者订立两年以上的固定期限劳动合同，按月支付劳动报酬；被派遣劳动者在无工作期间，劳务派遣单位应当按照所在地人民政府规定的最低工资标准，向其按月支付报酬。

（3）接受以劳务派遣形式用工的单位（以下称用工单位）应当根据工作岗位的实际需要与劳务派遣单位确定派遣期限，不得将连续用工期限分割订立数个短期劳务派遣协议。

（4）劳务派遣单位应当将劳务派遣协议的内容告知被派遣劳动者。

（5）劳务派遣单位不得克扣用工单位按照劳务派遣协议支付给被派遣劳动者的劳动报酬。

（6）劳务派遣单位和用工单位不得向被派遣劳动者收取费用。

（7）劳务派遣单位跨地区派遣劳动者的，被派遣劳动者享有的劳动报酬和劳动条件，按照用工单位所在地的标准执行。

（8）被派遣劳动者享有与用工单位的劳动者同工同酬的

权利。用工单位无同类岗位劳动者的，参照用工单位所在地相同或者相近岗位劳动者的劳动报酬确定。

问题 277：以小时计算的用工，法律是怎么规定的？

答：以小时计酬为主，劳动者在同一用人单位一般平均每日工作时间不超过 4 小时，每周工作时间累计不超过 24 小时的用工形式，法律上叫做非全日制用工。法律规定：①非全日制用工双方当事人可以订立口头协议。②从事非全日制用工的劳动者可以与一个或者一个以上用人单位订立劳动合同；但是，后订立的劳动合同不得影响先订立的劳动合同的履行。③非全日制用工双方当事人不得约定试用期。④非全日制用工双方当事人任何一方都可以随时通知对方终止用工。终止用工，用人单位不向劳动者支付经济补偿。⑤非全日制用工小时计酬标准不得低于用人单位所在地人民政府规定的最低小时工资标准。⑥非全日制用工劳动报酬结算支付周期最长不得超过 15 日。

问题 278：在劳务派遣中，用工单位应当履行哪些义务？

答：用工单位应当履行下列义务：

(1)执行国家劳动标准，提供相应的劳动条件和劳动保护；

(2)告知被派遣劳动者的工作要求和劳动报酬；

(3)支付加班费、绩效奖金，提供与工作岗位相关的福利待遇；

(4)对在岗被派遣劳动者进行工作岗位所必需的培训；

(5)连续用工的，实行正常的工资调整机制；

(6)用工单位不得将被派遣劳动者再派遣到其他用人单位。

问题279:农民工可以参加工伤保险吗?需要自己缴纳工伤保险费吗?

答:可以。农民工可以参加工伤保险、依法享受工伤保险待遇是《工伤保险条例》赋予包括农民工在内的各类用人党委职工的基本权益,各类用人单位招用的农民工均有享受工伤保险待遇的权利。凡与用人单位建立劳动关系的农民工,用人单位都有义务及时地为农民工办理参加工伤保险的手续。对于用人单位为农民工先行办理工伤保险的,各地经办机构也必须予以办理。

农民工不需要自己交纳工伤保险费。根据法律规定,用人单位应当缴纳工伤保险费。职工个人不缴纳工伤保险费。用人单位缴纳工伤保险费的数额为本单位职工工资总数乘以缴纳费率的积。

【法条依据】《劳动和社会保障部关于农民工参加工伤保险有关问题的通知》第2条、第10条。

问题280:农民工如何享受工伤保险待遇?

答:参加工伤保险,依法享受工伤保险待遇是农民工的基本权益。

根据规定,用人单位注册地与生产经营地不在同一统筹地区的,原则上在注册地参加工伤保险。未在注册地参加工伤保险的,在生产经营地参加工伤保险。农民工受到事故伤害或者患职业病后,在参保地进行工伤认定、劳动力能力鉴定,并按参保地的规定依法享受工伤保险待遇。

用人单位在注册地和生产经营地均未参加工伤保险的，农民工受到事故伤害或者患职业病后，在生产经营地进行工伤认定、劳动力鉴定，并按生产经营地的规定依法由用人单位支付工伤待遇保险。

对于跨区域流动的农民工，即户籍不在参加工伤保险统筹地区所在省（区、市）的农民工，一至四级伤残长期待遇的支付，农民工可以在一次性支付和长期支付两种方式中选择一种。在农民工选择一次性或长期支付方式时，支付其受工伤保险长期待遇的，需由农民工本人提出，与用人单位解除或者终止劳动关系，与统筹地区社会保险经办机构鉴定协议，终止工伤保险关系。

此外，如果用人单位在注册地和生产经营地均未参加工伤保险，农民工应当在工作所在地进行工伤认定、劳动能力鉴定后，用人单位应按生产经营地的规定为农民工支付保险待遇。

【法条依据】《劳动和社会保障部关于农民工参加工伤保险有关问题的通知》第2－4条。

问题281：劳动合同中约定“工伤概不负责”的条款，是否有效？

答：劳动合同中的“工伤概不负责”、“伤亡概由本人负责”等条款，往往被称作“生死合同”或“生死条款”。在我国，由于劳动力众多，就业市场上供大于求，用人单位经常利用劳动者求职的急迫心理，包办劳动合同的签订，强行约定一些不利于劳动者的条款。“生死条款”常见于建筑行业，尤其是一些私营或乡镇企业性质的建筑公司，在招用临时工时常签订“生死条款”。一方面,这些临时工多为农民,他们离乡背井靠出卖体力为生,只要给钱就行,并不十分注重劳动条件和劳动保险待遇问题;另一方面,此类建筑行业规模小,劳动条件差,劳动保护措施不健全,企图以“生死条款”逃避工伤责任。实践中,在企业中工作的临时工经常发生工伤,并因“生死条款”而产生纠纷。

根据有关法律规定,此类免责条款即所谓“生死条款”无效的理由有三点:①免责条款侵犯了劳动者依宪法所享有的受劳动保护的宪法性权利;②免责条款违反了雇主依宪法和有关劳动法规应给予雇员劳动保护的义务,企业必须执行国家有关劳动保护的规定,建立必要的规章制度,提供劳动安全、卫生设施,保障职工的安全和健康;③免责条款违背了社会公德。劳动合同由当事人平等协商,自订立之日起发生法律效力。但并非所有当事人自主订立的合同都能产生法律效果。根据《劳动法》第18条的规定,违反法律、行政法规的劳动合同或劳动合同条款,从订立之时起,就没有法律约束力。

问题282:什么是工伤鉴定?

答:工伤鉴定是在申请工伤鉴定的职工被认定为工伤的基础上,在其医疗终结或医疗期满之后,由县以上劳动鉴定委员会对其进行的评定伤残等级的行为。

广义的工伤鉴定包括劳动能力鉴定和致残等级鉴定。狭义的工伤鉴定指致残等级鉴定。

劳动能力鉴定也称劳动鉴定,是指劳动者在生产工作中因种种原因造成劳动能力不同程度的损害,致使劳动者在部分、大部分或完全丧失劳动能力时,有关部门在医学方面对其作出的鉴别和评定。通常情况下，我国的劳动能力鉴定工作只负责因工伤或因病而导致的劳动能力鉴定问题。

致残等级鉴定也称工伤评残，是劳动鉴定委员会在劳动能力鉴定技术小组认为工伤职工丧失劳动能力，需要评残的基础上，依据《职工工伤和职业病致残程度鉴定》，对因工负伤或患职业病的职工伤残后丧失劳动能力的程度和依赖护理的程度作出的判别和评定。一共有10个级别。

劳动鉴定与工伤评残既有联系又有区别。从性质上来说，劳动鉴定是工伤评残的基础。从程序上来说，是先鉴定后评残。从范围来说，劳动鉴定更大一些，即除对工伤(含职业病)进行鉴定外，还包括对因病或非因工负伤导致的暂时或永久丧失劳动能力的鉴定，其主要职能是从医务方面对劳动者暂时或永久丧失劳动能力的状况进行鉴定。而工伤评残相对来说更专业、更严格，其职能是对工伤和患职业病职工永久丧失劳动能力的状况进行的鉴定。二者的工作程序和判别依据也不同。但对于明显的工伤(含职业病)案例来说，工伤评残可以与劳动鉴定同时进行。

问题 283：劳动鉴定委员会鉴定工伤、职业病的标准是什么？

答：《职工工伤与职业病致残程度鉴定》(GB/T16180—1996)是鉴定伤残等级的国家标准。

符合评残标准一级至四级的为全部丧失劳动能力；五级至六级为大部分丧失劳动能力；七级至十级为部分丧失劳动能力。

一级：器官缺失或完全丧失功能，其他器官不能代替，存在特殊医疗依赖，生活完全或大部分不能自理者；

二级：器官严重缺损或畸形，有严重功能障碍或并发症，存在特殊医疗依赖，或生活大部分不能自理者；

三级：器官严重缺损或畸形，有严重功能障碍或并发症，存在特殊医疗依赖，或生活部分不能自理者；

四级：器官严重缺损或畸形，有严重功能障碍或并发症，存在特殊医疗依赖，生活可以自理者；

五级：器官大部分缺损或明显畸形，有较重功能障碍或并发症，存在一般医疗依赖，生活能自理；

六级：器官大部分缺损或明显畸形，有中等功能障碍或并发症，存在一般医疗依赖，生活能自理者；

七级：器官大部分缺损或畸形，有轻度功能障碍或并发症，存在一般医疗依赖，生活能自理者；

八级：器官部分缺损，形态异常，轻度功能障碍，有医疗依赖，生活能自理者；

九级：器官部分缺损，形态异常，轻度功能障碍，无医疗依赖，生活能自理者；

十级：器官部分缺损，形态异常，无功能障碍，无医疗依赖，生活能自理者。与此同时，该标准又根据工伤及职业病可累及每个系统和器官，评残标准应覆盖各主要临床学科的情况，将人体器官系统相近或有联系的临床科学编组，划分为五个部分，即：

(1)神经内科、神经外科、精神科部分；

(2)骨科、整形科、烧伤科部分；

(3)眼科、耳鼻喉科、口腔科部分；

(4)普通外科、胸外科、泌尿生殖科(包括妇科)部分；

(5)职业病内科部分。

“标准”对残情的分级，是以器官缺损、功能障碍、对医疗依赖和护理依赖的程度，并适当考虑一些特殊残情造成的心理障碍或生活质量的损失进行确定的。

器官缺损是工伤的直接后果，是评残标准分级的重要依据，诸如肢体的缺失、器官的切除等，颅骨缺损，即使无功能障碍，亦属致残。职业病不一定有器官的缺损。

工伤后功能障碍的程度与器官缺损的部位及严重程度有关，职业病所致的器官功能障碍与疾病的严重程度有关，是评残标准分级不可缺少的依据。对功能障碍的判定，应以医疗期满后的医疗检查结果为依据。至于每种残情怎样才算医疗终结，则需根据评残对象逐个确定。

医疗依赖是指伤、病致残后，于医疗期满后仍然不能脱离药物或其他医疗手段治疗者。这是评残标准分级不能忽视的问题。如外伤后癫痫不能脱离抗痫剂，外伤后糖尿病不能脱离胰岛素治疗等。

护理依赖是指伤、病致残者因生活不能自理需依赖他人护理者，这是评残标准分级必须有的内容。该“标准”的生活自理范围主要包括下列五项：进食；翻身；大、小便；穿衣、洗漱；自我移动。

护理依赖的程度分为三级：

(1)完全护理依赖，指生活不能自理，上述五项均需护理者。

(2)大部分护理依赖，指生活大部不能自理，上述五项中三项需要护理者。

(3)部分护理依赖，指部分生活不能自理，上述五项中一项需要护理者。

心理障碍是指一些特殊残情，在器官缺损或功能障碍的基础上虽不造成医疗依赖，但却导致心理障碍或减损伤残者的生活质量。这是评残标准分级不能遗漏的问题。如面部损伤疤痕毁容、外伤后失去性功能者等，在评定残情时，应适当考虑这些后果。

残情定级后发给证件。残情定级不实行"终身制"，劳动鉴定委员会必须对工伤致残人员定期进行复查，残情若有变化，等级应作相应变更。工伤致残人员若要求进行鉴定，劳动鉴定委员会应随时给予鉴定。

伤残等级为确定伤残待遇和安置工伤职工的主要依据。

问题284：如果申请劳动鉴定，需要走什么程序？

答：职工在工伤医疗期间内治愈或者伤情处于相对稳定状态，或者医疗期满仍不能工作的，应当进行劳动能力鉴定，评定伤残等级并定期复查伤残状况。劳动鉴定程序如下：

(1)由工伤职工所在单位填写《劳动鉴定申请表》，申请劳动鉴定。特殊情况下，职工可直接申请。

(2)提供历次病、伤、残医院治疗的原始病历，属因工伤残的，需持工伤事故调查报告及有关材料；属职业病的，需持卫生部门授权的职业病防治所（院）提供的诊断资料；属精神病的，需持精神病院的诊断资料；其他情况的，需持有说服力的证明等报劳动鉴定委员会。

(3)劳动鉴定委员会应认真审定申请及附件材料，对资料不全或情况不明的不予受理。

(4)对符合条件的，统一安排鉴定，并把鉴定的时间、地点、人员提前通知企业及有关人员。

(5)劳动鉴定委员会应当委托符合条件的医疗卫生机构或者聘请有鉴定资格的医生组成专家组对被鉴定人员进行丧失劳动能力的医学诊断。

(6)专家组对伤残、病残职工的状况,写出定性、定量的诊断意见,由劳动鉴定委员会确定伤病或伤残等级,并发给等级证明书。劳动鉴定委员会应将鉴定结果及时通知企业和被鉴定的职工。

(7)职工对劳动鉴定委员会作出的鉴定结论不服的,可以向当地劳动鉴定委员会办公室申请复查;对复查结论不服的,可以向上一级劳动鉴定委员会申请重新鉴定。复查鉴定最终结论由省级劳动鉴定机构作出。

工伤职工及其家属因申报工伤与用人单位发生争议的,按照劳动争议的有关规定办理;与劳动行政部门或工伤保险经办机构发生争议的,按照行政复议和行政诉讼的有关法律、法规办理。

第五章 消费者权益保护法与产品质量法

问题 285:农民购买农业生产资料可以使用《消费者权益保护法》吗?

答:农民购买农业生产资料可以使用《消费者权益保护法》。根据《消费者权益保护法》第 2—3 条、第 54 条的规定,消费者的概念可以从以下三方面理解:

(1)消费者为生活消费需要购买、使用商品或者接受服务的,适用《消费者权益保护法》。所谓消费者,是指为个人生活消费需要购买、使用商品和接受服务的自然人。分散的、单个的自然人,在市场中处于弱者地位,需要法律的特殊保护。所以,从事消费活动的社会组织、企事业单位不属于消费者保护法意义上的"消费者"。

(2)农民购买、使用直接用于农业生产的生产资料时,参照《消费者保护法》执行。《消费者保护法》的宗旨在于保护作为经营者对立面的特殊群体——消费者的合法权益。农民购买直接用于农业生产的生产资料,虽然不是为个人生活消费,但是作为经营者的相对方,其弱者地位是不言而喻的。所以,《消费者保护法》第54条将农民购买、使用直接用于农业生产的生产资料行为纳入该法的保护范围。

(3)经营者为消费者提供其生产、销售的商品或者提供服务,适用消费者保护法。《消费者保护法》以保护消费者利益为核心,在处理经营者与消费者的关系时,经营者首先应当遵守该法的有关规定。

问题286:消费者的权利有哪些?

答:消费者共有九项权利,即:

(1)人身安全保障权,即消费者在购买、使用商品和接受服务时享有人身、财产安全不受损害的权利。

(2)真情知悉权,即消费者享有知悉其购买、使用的商品或者接受的服务的真实情况的权利。消费者有权根据商品或者服务的不同情况,要求经营者提供商品的价格、产地、生产者、用途、性能、规格、等级、主要成分、生产日期、有效期限、检验合格证明、使用方法说明书、售后服务，或者服务的内容、规格、费用等有关情况。

（3）自主选择权，即消费者享有自主选择商品或者服务的权利。

（4）公平交易权，即消费者享有公平交易的权利。

（5）获得赔偿权，即消费者因购买、使用商品或者接受服务受到人身、财产损害的，享有依法获得赔偿的权利。

（6）结社权，即消费者享有依法成立维护自身合法权益的社会团体的权利。

（7）获取相关知识的权利，即消费者享有获得有关消费和消费者权益保护方面的知识的权利。消费者应当努力掌握所需商品或者服务的知识和使用技能，正确使用商品，提高自我保护意识。

（8）人格尊严受到尊重的权利，即消费者在购买、使用商品和接受服务时，享有其人格尊严、民族风俗习惯得到尊重的权利。

（9）监督权，即消费者享有对商品和服务以及保护消费者权利工作进行监督的权利。

问题 287：消费者协会有什么职能？我遇到什么问题可以向它求助呢？

答：消费者协会履行下列职能：

（1）向消费者提供消费信息和咨询服务；

（2）参与有关行政部门对商品和服务的监督、检查；

（3）就有关消费者合法权益的问题，向有关行政部门反映、查询，提出建议；

（4）受理消费者的投诉，并对投诉事项进行调查、调解；

(5)投诉事项涉及商品和服务质量问题的,可以提请鉴定部门鉴定,鉴定部门应当告知鉴定结论;

(6)就损害消费者合法权益的行为,支持受损害的消费者提起诉讼;

(7)对损害消费者合法权益的行为,通过大众传播媒介予以揭露、批评。

问题288:如果同经营者发生争议,该怎么办?

答:消费者和经营者发生消费者权益争议的,可以通过下列途径解决:

(1)与经营者协商和解。当消费者和经营者因商品或服务发生争议时,协商和解应作为首选方式,特别是因误解产生的争议,通过解释、谦让及其他补救措施,便可化解矛盾,平息争议。协商和解必须在自愿平等的基础上进行。重大纠纷,双方立场对立严重,要求相距甚远的,可寻求其他解决方式。

(2)请求消费者协会调解。消费者协会是依法成立的对商品和服务进行社会监督的保护消费者合法权益的社会团体。消费者权益保护法明确消费者协会具有七项职能,其中之一是对消费者的投诉事项进行调查、调解。消费者协会作为保护消费者权益的社会团体,调解经营者和消费者之间的争议,应依照法律、行政法规及公认的商业道德从事,并由双方自愿接受和执行。

(3)向有关行政部门申诉。政府有关行政部门依法具有规范经营者的经营行为,维护消费者合法权益和市场经济秩序的职能。消费者权益争议涉及的领域很广,当权益受到侵害时,消费者可根据具体情况,向不同的行政职能部门,如物价部门、工商行政管理部门、技术质量监督部门等提出申诉，求得行政救济。

(4)提请仲裁。由仲裁机构解决争端，在国际国内商贸活动中被广泛采用。消费者权益争议亦可通过仲裁途径予以解决。不过，仲裁必须具备的前提条件是双方订有书面仲裁协议(或书面仲裁条款)。在一般的消费活动中，大多数情况下没有必要也没有条件签订仲裁协议。因此，在消费领域，很少有以仲裁方式解决争议的。

(5)向人民法院提起诉讼。《消费者权益保护法》及相关法律都规定，消费者权益受到损害时，可径直向人民法院起诉，也可因不服行政处罚决定而向人民法院起诉。

问题 289：我购买的商品或服务造成人身伤害、人格受损、财产损失时，可以获得什么赔偿？

答：可获得的赔偿包括：

(1)人身伤害的民事责任。经营者提供商品或服务，造成消费者或其他人受伤、残疾、死亡的，应承担下列责任：①造成消费者或者其他受害人人身伤害的，应当支付医疗费、治疗期间的护理费、因误工减少的收入等费用；②造成残疾的，除上述费用外，还应支付残疾者生活自助具费、生活补助费、残疾赔偿金以及由其抚养的人所必需的生活费等费用；③造成消费者或其他受害人死亡的，应当支付丧葬费、死亡赔偿金以及由死者生前抚养的人所必需的生活费用。

(2)侵犯消费者人格尊严、人身自由的民事责任。《消费者权益保护法》第 14 条规定消费者享有人格尊严，第 25 条规定经营者不得对消费者侮辱、诽谤，不得侵犯消费者的人身自由。违反上述规定的，经营者应当停止侵害、恢复名誉、消除影响、赔礼道歉，并赔偿损失。

(3)财产损害的民事责任。经营者提供商品或者服务，造成消费者财产损害的，应当以修理、重作、更换、退货、补足商品数量、退还货款和服务费用或者赔偿损失等方式承担民事责任。同时，《消费者权益保护法》承认并尊重消费者与经营者的自由订约权。当双方对财产损害的补偿有约定的，可按照约定履行。

问题290：产品出现质量问题在多长时间之内向法院诉讼，才可能胜诉？

答：根据我国法律规定，因产品缺陷造成损害要求赔偿的诉讼时效期间为2年，自当事人知道或者应当知道其权益受到损害时起计算。

损害赔偿的请求权是指权利人的权利受到侵害时，受害人享有的要求侵权人给予赔偿损失的权利。《产品质量法》规定，因产品存在缺陷造成损害要求赔偿的请求权，在造成损害的缺陷产品交付最初用户、消费者满10年丧失；但是，尚未超过明示的安全使用期的除外。可见，损害赔偿的请求权是一种实体权利，因受到损害而发生，随后才产生时效的计算问题。

问题291：因为产品质量而遭受损害，能否直接向经营者索赔呢？

答：由于在绝大多数情况下，用户、消费者只知销售者为何人，且双方存在着买卖合同关系，所以法律规定首先由销售者承担赔偿责任。根据我国法律规定，售出的产品有下列情形之一的，销售者应当负责修理、更换、退货；给购买产品的消费者造成损失的，销售者应当赔偿损失：①不具备产品应当具备的使用性能而事先未作说明的；②不符合在产品或者其包装上注明采用的产品标准的；③不符合以产品说明、实物样品等方式表明的质量状况的。

依照前款规定负责修理、更换、退货、赔偿损失后，属于生产者的责任或者属于向销售者提供产品的其他销售者（以下简称供货者）的责任的，销售者有权向生产者、供货者追偿。

第六章　农产品质量与农业问题

问题 292：农民使用农药应遵守哪些规定？

答：根据国家《农药管理条例》，农民使用农药应遵守以下规定：

（1）使用剧毒、高毒农药应及时设置警告标志。

（2）农药使用后的箱、瓶、袋等包装物和标签不得随意弃置，应采取安全措施进行处理。

（3）不得在河流、湖泊、水库、渠道鱼塘和引用水源保护区、海洋养殖区、自然保护区等敏感区域内倾倒农药或者清洗施药器械。

（4）使用农药后，在农药标签载明的安全间隔期内不得采收。

（5）禁止使用农药毒鱼、虾、鸟、兽等。

（6）剧毒、高毒农药不得用于防治病虫害，不得用于蔬菜、瓜类、果树、茶叶和中草药材。

问题293:农民可以生产并使用饲料和饲料添加剂吗?

答:《饲料和饲料添加剂管理条例》规定,饲料是指经工业化加工、制作的供动物食用的饲料。饲料添加剂是指在饲料加工、制作、使用过程中添加的少量或者微量物质,包括营养性添加剂和一般性的饲料添加剂。

根据《饲料和饲料添加剂管理条例》的规定,农民要销售饲料和饲料添加剂必须通过设立企业进行,同时,必须具备以下条件:有相应的厂房、设备、工艺及仓储设施;有相应的专职技术人员;有必要的产品质量检验机构、检验人员和检验设施;生产环境符合国家规定的安全、卫生要求;污染防治措施符合国家环境保护的要求。同时对于生产饲料添加剂和添加剂预混合饲料的企业,实行生产许可制度,即生产饲料、饲料添加剂的企业,必须经省级人民政府饲料行政主管部门审核后,取得国务院农业行政部门颁发的生产许可证;取得生产许可证后,还要取得省级人民政府饲料管理部门合法的饲料添加剂、饲料添加剂预混合饲料产品批准文号。

根据上述规定,有以下两种情况:一是生产并且销售饲料的,必须通过设立企业进行,需要符合设立企业的条件,并进行登记;二是农民用自己种的粮食、草等人工搅拌成饲料并且用于饲喂自己养殖的畜禽的,这种饲料不是经过工业化加工的饲料,并且主要是自用而不是用于销售,可以不必通过设立企业来进行。

对于生产饲料添加剂或者生产饲料添加剂预混合饲料的行为,不论是自用还是用于向市场销售,都必须通过设立企业来进行，并且要取得生产许可证，以及要生产的饲料添加剂、饲料添加剂预混合饲料的批准文号。

问题 294：《农产品质量安全法》所强调的“八个不得”是指什么？

答：“八个不得”是指以下行为：

(1)经检测不符合农产品质量安全标准的农产品，不得销售。

(2)有下列五种情形之一的农产品，不得销售：①含有国家禁止使用的农药、兽药或者其他化学物质的；②农药、兽药等化学物质残留或者含有的重金属等有毒有害物质不符合农产品质量安全标准的；③含有的致病性寄生虫、微生物或者生物毒素不符合农产品质量安全标准的；④使用的保鲜剂、防腐剂、添加剂等材料不符合国家有关强制性的技术规范的；⑤其他不符合农产品质量安全标准的。

(3)监督抽查检测应当委托符合规定条件的农产品质量安全监测机构进行，不得向被抽查人收取费用。

(4)监督抽查监测抽取的样品，不得超过国务院农业行政主管部门规定的数量。

(5)上级农业行政主管部门监督抽查的农产品，下级农业行政主管部门不得另行重复抽查。

(6)对采用快速检测方法检测结果有异议的，被抽检人申请复检，复检不得采用快速检测方法。

(7)农产品销售企业对其销售的农产品，应当建立健全进货检查验收制度；经查验不符合农产品质量安全标准的，不得销售。

(8)对同一违法行为不得重复处罚。

问题295:《农产品质量安全法》所强调的"六个禁止"是指什么?

答:"六个禁止"包括以下内容:

(1)禁止生产、销售不符合国家规定的农产品质量安全标准的农产品。

(2)禁止在有毒有害物质超过规定标准的区域生产、捕捞、采集食用农产品和建立农产品生产基地。

(3)禁止违反法律法规的规定向农产品产地排放或者倾倒废水、废气、固体废物或者其他有毒有害物质。

(4)禁止伪造农产品生产记录。

(5)禁止在农产品生产过程中使用国家明令禁止使用的农业投入品。

(6)禁止冒用无公害农产品等农产品质量标志。

问题296:什么是农产品地理标志?

答:农产品地理标志指一个国家、地区或特定地方的地理名称,又将该名称指示一项农产品,且该农产品的质量特征或风味完全或主要取决于地理环境、自然条件、人为背景等因素,农产品地理标志的权利主体是地理标志所指定区域的相关组织,除相关团体和法人外,还应当包括地方政府相关职能机构及由地方政府委托的机构。2007年12月农业部发布的《农产品地理标志管理办法》规定:国家对农产品地理标志实行登记制度。经登记的农产品地理标志受法律保护。

农业部负责全国农产品地理标志的登记工作,农业部农产品质量安全中心负责农产品地理标志登记的审查和专家评审工作。省级人民政府农业行政主管部门负责本行政区域内农产品地理标志登记申请的受理和初审工作。农业部设立的农产品地理标志登记专家评审委员会，负责专家评审。农产品地理标志登记专家评审委员会由种植业、畜牧业、渔业和农产品质量安全等方面的专家组成。

农产品地理标志登记不收取费用。县级以上人民政府农业行政主管部门应当将农产品地理标志管理经费编入本部门年度预算。县级以上地方人民政府农业行政主管部门应当将农产品地理标志保护和利用纳入本地区的农业和农村经济发展规划，并在政策、资金等方面予以支持。

问题 297：申请地理标志登记的农产品，应当符合哪些条件？

答：申请地理标志登记的农产品，应当符合下列条件：

(1)称谓由地理区域名称和农产品通用名称构成；

(2)产品有独特的品质特性或者特定的生产方式；

(3)产品品质和特色主要取决于独特的自然生态环境和人文历史因素；

(4)产品有限定的生产区域范围；

(5)产地环境、产品质量符合国家强制性技术规范要求。

问题 298：什么是农产品质量安全标准，该标准是强制性技术规范吗？

答：农产品质量安全标准，是指依照有关法律、行政法规的规定，制定和发布的农产品质量安全的强制性技术规范，它规定农产品质量要求和卫生条件，以保障人的健康和食用安全。它是政府履行农产品质量安全监督管理职能的基础，是农产品生产经营者自控的准绳，是判断农产品质量安全的依据，是开展农产品产地认定和产品认证的依据，更是各级政府部门开展例行监测和市场监督抽查的依据。如，农产品中农药、兽药等化学物质的残留量，农产品重金属等有毒有害物质允许量，致病性寄生虫、微生物或者生物毒素的规定，对农药、兽药、添加剂、防腐剂等化学物质的使用规定等。

农产品质量安全标准是强制性技术规范，需要强制执行。

问题 299：关于农产品包装、标识，法律有什么规定？

答：法律对农产品包装、标识规定如下：

（1）按照规定进行包装或者附加标识：

①农产品生产企业、农民专业合作经济组织以及从事农产品收购的单位或者个人销售的农产品，按照规定应当包装或者附加标识的，须经包装或者附加标识后方可销售。包装物或者标识上应当按照规定标明产品的品名、产地、生产者、生产日期、保质期、产品质量等级等内容；使用添加剂的，还应当按照规定标明添加剂的名称。

②遵守国家有关强制性的技术规范。农产品在包装、保鲜、贮存、运输中所使用的保鲜剂、防腐剂、添加剂等材料，应当符合国家有关强制性的技术规范。

③农业转基因生物的农产品，应当按照农业转基因生物安全管理的有关规定进行标识。

（2）依法需要实施检疫的动植物及其产品，应当附具检疫合格标志、检疫合格证明。

（3）有关质量标志的使用。

生产者销售的农产品必须符合农产品质量安全标准。符合条件的，生产者可以申请使用无公害农产品标志，以及相应的农产品质量标志。

问题300：如果想使用滩涂搞农副业生产，需要报请批准吗?

答：滩涂属于土地的组成部分，使用滩涂需要报经县级以上人民政府批准。根据《中华人民共和国渔业法》、《浙江省渔业管理条例》以及《浙江省水域滩涂养殖证管理办法》第3－5条的规定，国家对养殖水域、滩涂实行养殖证制度，水产养殖规划是养殖证核发和管理的重要依据。县级以上人民政府渔业行政主管部门根据上一级水域滩涂水产养殖规划，制定本级水产养殖规划，并报同级人民政府审批。水产养殖规划应根据不同养殖区域的生态环境和自然承受能力，确定养殖水域范围、养殖种类、容量、方式等内容。

县级以上地方人民政府是养殖证的发证主体。县级以上人民政府渔业行政主管部门负责养殖证的申请受理、审核和变更登记等管理工作。县级以上渔业行政主管部门在当地人民政府授权同意后，刻制“××县(或市、区)水域滩涂养殖使用证专用章”(以下简称养殖证专用章)，用于办理养殖证发放、补发和终止等事宜。单位或个人使用水域、滩涂从事养殖生产活动的，按法律法规规定的程序申领养殖证。